Dépôt légal - 2e trimestre 2018

Bibliothèque et Archives Nationales du Québec, 2018
Bibliothèque et Archives Canada, 2018
Presses Panafricaines, juin 2018

ISBN : 978-2-924715-11-6

Montréal - Canada
www.presses-panafricaines.com

Fatimata DIALLO BA

DES CRIS SOUS LA PEAU

Roman

PRESSES
PANAFRICAINES

Collection **Soleil d'Hiver**

DES CRIS SOUS LA PEAU

Dédicaces

Je dédie cette première oeuvre aux rencontres qui ont permis son éclosion après une si longue gestation.
À mes inoubliables invisibles et présents
À ma famille, la proche et la lointaine
À mes parents pour leur amour indéfectible
À mes frères et soeurs pour leur soutien sans faille
À ma belle-famille, en remerciement de son affectueuse présence
À mon mari pour les joies et les peines partagées
À mes enfants, la lumière qui enchante mes jours
À mes amis réels, au premier rang desquels, Marie-Hélène, ma jumelle, ou virtuels grâce à qui l'air est plus pur
À mes collègues et à mes élèves qui savent pourquoi je leur dois cette oeuvre
À mon éditeur qui y a cru avant moi.

Avant propos

Écrire, crier. À la lettre près, le même mot.

Écrire pour que les cris, bouche cousue et pliée de souffrance et d'obéissance,

Trouvent leur voie et cessent de saper les fondements comme des rivières perdues.

Crier le refus de l'humiliation, hurler sa liberté comme un loup ivre, un soir de pleine lune.

Écrire ses blessures pour avoir une chance de les refermer.

Crier la douleur de ses frustrations.

Écrire son droit à l'expression et à l'existence.

Crier son désir de vivre.

Écrire pour ne pas mourir.

Crier pour vivre.

Écrire et crier pour ne jamais cesser d'aimer.

Les faits relatés dans ce roman n'ont rien et tout à voir avec la vie de ceux qui claudiquent et continuent de marcher.

Fatimata Diallo Ba

Cap sur Dakar

Une petite fille de quarante-cinq ans s'apprête à prendre l'avion pour la deuxième fois de sa vie, en ce caniculaire juillet parisien.

Elle trébuche sans arrêt sous le poids de ses pensées plus que de ses bagages. Elle n'en a pas. Juste un roman emprunté à la dernière minute à la bibliothèque de l'hôpital où elle travaille depuis vingt ans comme aide-soignante. *Mille soleils splendides* de Khaled Hosseini dont ses collègues lui ont dit le plus grand bien et qu'elle a glissé dans son sac à main. Elle adore lire et surtout se libérer de la morosité quotidienne par toutes sortes de livres.

La petite fille laisse à Paris tout ce qu'elle possède. Appréciée par tout le monde, elle n'a eu aucun mal à obtenir une semaine de congé. Sa hiérarchie et ses collègues l'adorent. Une employée modèle. Ponctuelle et honnête. On peut compter sur elle. Jamais un mot plus haut que l'autre. Ses vieux patients aussi ne jurent que par elle. Elle sait si bien s'occuper de leurs vieux os. Ses mains expertes dans l'art de masser leurs corps vides et épuisés ont leur propre langage. Et les personnes âgées en redemandent.

Elle laisse son mari et ses deux filles dans leur minuscule appartement de la rue de Chalon dans le douzième arrondissement de Paris. Cela fait des lustres qu'ils ont déposé un dossier à la mairie pour bénéficier d'un logement décent. Mais ils ne sont pas prioritaires et ne connaissent personne dans l'administration. Donc il faut recommencer tous les ans le même dossier, sous peine d'être radiés, et se contenter de ce trente mètres carré où il faut tout caser. Le seul avantage pratique de ce logement est la proximité de la Gare de Lyon. Le métro la dépose au pied de l'hôpital.

Son mari a bien essayé de la dissuader de partir. Pour la première fois de sa vie, elle a tenu tête. Une bonne raison. La personne qui l'avait recueillie et élevée à la mort de sa mère venait d'effectuer son pèlerinage à la Mecque et souhaitait remercier son Seigneur en offrant un *Ganalé*[1] mémorable. Il lui fallait réunir toute sa famille. Elle ne pouvait tolérer aucun refus.

Alors la petite fille a résisté au raisonnement acceptable de ses filles, brillantes étudiantes toutes les deux. La fatigue d'un si long voyage, le manque d'argent, le poids émotionnel d'un retour si longtemps reporté. Rien n'y a fait.

---

1. *Ganalé* : Mot wolof. Réception en l'honneur des pèlerins revenus de la Mecque.

Elle a également résisté aux arguments irrationnels de son mari, à sa brutalité coutumière, à ses silences boudeurs.

Elle doit partir. Une force impérieuse la pousse à tout braver. Il y va de sa survie. Formalités d'usage effectuées, la fillette s'engage dans le long tube qui mène à la salle d'embarquement. Elle est mal à l'aise. L'angoisse emmêle ses jambes et ralentit son pas. Elle se tient à la rampe du tapis roulant pour laisser passer les autres voyageurs. Une lente et irrépressible nausée lui brouille les yeux et lui étouffe les poumons. Ces derniers jours, elle n'a pas fermé l'œil. Une insomnie chronique qui a avalé sa santé et a installé le vide dans son cerveau. Elle espère dormir dans l'avion sans trop se faire d'illusions.

La salle d'embarquement. Tour de Babel bruissant de mille langues. Allées et venues. Enchevêtrement d'hommes et de bagages. Atmosphère fleurie des effluves échappés des boutiques de luxe.

La petite fille repère le panneau signalant son vol. Elle attend sagement sur un siège. Toujours cette nausée atroce qui ne la quitte plus.

Une voix de femme : « Les passagers du vol AF718 à destination de Dakar sont priés de se rendre à la porte 4 pour embarquement immédiat. »

La fillette sursaute puis se range dans la file comme un automate. Elle aperçoit l'avion à travers les grandes baies vitrées de la salle d'embarquement. Un bel oiseau.

Et s'il ratait son décollage ? S'il s'écrasait en emportant avec lui tous ses malheurs ? La solution idéale après tout.

Mais elle n'a pas le temps de penser davantage. Il faut de nouveau emprunter un long tube pour accéder à l'avion. Toujours cette nausée tenace et les tempes qui vrillent. Elle vacille en serrant son sac à main sur sa poitrine. Un bras charitable s'offre à elle et lui évite de buter sur la marche d'entrée de l'avion. Le bras lui indique son siège. Elle s'affale et ferme les yeux. Son cœur semble prêt à s'échapper de sa poitrine. Sa voisine a compris qu'elle avait besoin d'aide. « Ne vous inquiétez pas. Moi aussi j'ai peur en avion, mais tout se passera bien *Inshallah*. Je vous aide à attacher votre ceinture. Le vol est rapide. Cinq heures, c'est le temps qu'on peut passer dans les embouteillages pour aller du centre-ville de Dakar à la banlieue de Keur Massar. »

La petite fille offre un pauvre sourire de reconnaissance à la dame et se laisse faire.

Dakar. L'évocation de la ville lui serre encore plus le cœur. Flux et reflux d'images oubliées.

L'accélération brutale de l'avion la transporte dans une pièce sans lumière où elle se tient debout, nue. Fillette immobile, muette de terreur. Elle cache de ses petits bras, son innocente intimité. Il lui a interdit de se vêtir la nuit sous peine de mort. Peut-être ne viendra-t-il pas ce soir ? Peine perdue. Le grincement sinistre de la porte sonne le glas de ses espoirs. Panique. Et ces grosses mains dures, froides et rugueuses sur sa bouche ; et cette haleine pestilentielle qui l'englue comme un venin. Et ce corps qui l'écrase de tout son poids.

Vite un sac pour vomir cet amer goût d'enfance qui lui traverse la gorge. La charitable voisine a vu le malaise arriver. Elle lui tend une poche en papier en souriant.

— Vous avez le mal de l'air, on dirait.

— Oui, c'est ça.

La voisine trouve dans cette réponse laconique un encouragement. La voilà lancée dans un monologue qui parvient à distraire la fillette. Commerçante de son état, elle revient d'Allemagne et d'Autriche où elle se ravitaille en tissus Bazin.

— Je n'achète que du Bazin blanc. Je l'emporte ensuite à Bamako pour le faire teindre. Les Sénégalaises sont coquettes. Je m'en sors bien. Mon mari n'est pas jaloux. Il faut dire qu'avec ses trois autres épouses, il a bien assez à faire. Mon commerce me couvre de *Sutura*[2], *Alhamdoulilah*. Pas le temps pour les enfantillages de mes coépouses. Je leur cède volontiers mon tour. Mon mari n'y voit que des avantages. J'ai acheté ma tranquillité.

La fillette sourit :

— Tu as bien raison.

---

2. *Sutura* : Mot wolof. Discrétion dans la relation à l'autre..

La femme enchaîne :

– Es-tu mariée ? As-tu des enfants ? Tu habites Paris ?

Le feu roulant des questions ne laisse aucun répit à la petite fille. Elle voudrait prendre le temps de répondre à chacune d'elles, de faire le tri et de dire ce qu'il faut, mais elle est happée par ses souvenirs.

Oui, mariée à dix-huit ans à un cousin lointain. Le premier à avoir demandé sa main. Un regroupement familial rondement mené. L'arrivée à Rouen où son mari travaillait comme ouvrier chez Renault. Qui était l'homme qu'elle avait épousé ? Elle l'ignorait et n'avait jamais vraiment cherché à creuser la question. Elle détestait leurs brèves étreintes et se sentait constamment oppressée en sa présence. L'homme était maladivement jaloux et ne supportait pas le moindre changement. Alors elle s'était abonnée à un type de vêtements, des survêtements masculins bien larges pour ne pas éveiller le moindre soupçon qui pouvait entraîner des colères totalement disproportionnées. Le moindre maquillage virait au drame. Il se mettait alors à utiliser tout le vocabulaire ordurier qu'il possédait, déversant sur la pauvre petite incrédule un tombereau d'insultes.

Au début de leur mariage, il lui arrivait de se rebiffer. Elle avait vite compris que c'était inutile et que chaque mot prononcé attisait la violence de l'homme. À la violence verbale avaient succédé les coups. D'abord une gifle qui lui avait fendu la lèvre. Puis passa une semaine pendant laquelle il la couvrit de menus cadeaux. Un soir de foot à la télé, elle fit tomber une casserole. Le bruit le mit en fureur. Il l'accusa de l'avoir fait exprès et la roua de coups qui la laissèrent exsangue. La fillette prit la résolution de faire très attention. Elle devint invisible, inodore et muette. Cela ne suffisait pas. Le mari lui imputait des fautes imaginaires et le cycle infernal de la violence se poursuivait. Progressivement, le couple s'était emmuré dans un silence hostile, lourd de menaces et de peurs. Un silence ponctué de reproches et de plaintes. La petite fille prit l'habitude de parler peu et à voix basse. Au bout de quelques années, il ne lui restait plus qu'un mince filet de voix qui reflétait exactement ce qui lui restait de souffle et d'énergie, c'est-à-dire presque rien.

C'est une enfant brisée, perdue et sans voix qui mit au monde en à peine deux ans, deux petites filles qu'elle se mit à chérir et à soigner avec passion. Les petites étaient de vraies poupées. Elle s'en occupait avec une méticulosité qui faisait l'admiration des autres mamans du quartier. C'était du reste la seule qualité que lui concédait son mari dans le concert de reproches qu'il lui adressait chaque jour.

Ses moments de répit, la fillette les passe au parc, au Jardin des Plantes de Paris plus précisément. Elle adore ces lieux paisibles et vivifiants où elle peut se rendre à pied en promenant ses poupées ; Elle y reprend son souffle en respirant à pleins poumons le calme qu'elle sent s'installer en elle. Là, elle entend chanter la terre à travers les sanglots du vent dans les peupliers. Elle tente de retrouver la poésie de la nature dans les entrelacs des clématites et des lys et dans les couleurs vives des pivoines et des hibiscus. La variété qu'offre le Jardin des Plantes a quelque chose d'excitant et d'apaisant à la fois pour la petite fille. Mais souvent, elle est prise d'une violente mélancolie que ne soulagent ni le parfum des jasmins ni le pépiement joyeux des étourneaux et des merles bavards. Elle puise toutefois, dans ces quelques heures de liberté, le courage de vivre jusqu'à la prochaine sortie. Elle y a appris le rythme des saisons au gré des caprices du soleil. Elle a compris vaguement que la vie se logeait là et que la nature lui était un rempart contre la mort.

Oui, la vie semblait jaillir de son propre corps et se fondre dans les bourrasques du vent et le crépitement de la pluie. Elle ne comprenait pas qu'on parlât de mauvais temps. C'est dans ces sautes d'humeur de l'atmosphère qu'elle trouvait de l'énergie. Quelque chose de beau, de grand et de pur semble naître du fond de son être pour s'accorder à la symphonie du monde. Une flamme qu'elle conserve jalousement comme la fragile certitude d'être à sa place et d'avoir une raison d'exister. Elle entretient cette flamme ténue toujours tentée de s'éteindre, avec la minutie qui sied aux survivants. Elle prend de grosses goulées d'air et ferme les yeux pour apprécier sa respiration.

Ses filles ont l'intuition mystérieuse des enfants pour les moments précieux. Elles restent bien sages. La fillette a mis au point un rituel secret dans le jardin parisien. Elle fait, à chaque visite, le tour des points d'eau et de quelques plantations inédites. Une façon de cultiver son propre jardin intime dans l'écrin luxuriant. Le jardin des Plantes est devenu l'âme sœur de son propre territoire secret. Elle y ressent une émotion charnelle qui lui permet de trouver un refuge contre la déprime. Il lui arrive d'éclater en grands rires qui lui procurent une sensation de paix. Et les enfants sont heureux de la voir rire. Elle confie ses peines au grand cèdre du Liban à qui elle trouve une remarquable personnalité. Le tronc droit et imposant du vieil arbre semble porter les stigmates de son long voyage depuis son pays natal et lui offre un contact rassurant.

Elle a de l'affection pour le magnifique cyprès chauve au bord de l'étang. Il a l'air d'un vieillard sage dont elle aime écouter les histoires.

L'érable à la spectaculaire chevelure rougeoyante est celui qui lui apparait le plus étranger, mais il éveille en elle une enfantine curiosité.

Ce jardin est devenu son terrain de jeu favori. Elle y découvre de nouveaux territoires qui l'extasient à chaque fois. C'est d'abord au grand cèdre qu'elle a confié sa volonté de faire le voyage du retour. Le géant lui avait magnifiquement souri, lui exprimant ainsi son approbation. C'est fort de cet acquiescement, qu'elle avait eu le courage de tout braver.

Cette longue incursion dans le passé a installé un silence pesant dans la conversation. La voisine est respectueuse. Elle sait la difficulté d'être femme surtout à l'étranger. Un sourire d'encouragement, la fillette reprend :

— Puis mon mari a perdu son travail de serveur pour lequel nous avions quitté Rouen. Il s'est mis à boire et à rentrer de plus en plus tard. Les allocations qu'il recevait ne suffisaient plus. J'ai été sauvée par une voisine qui m'a trouvé un travail d'aide-soignante dans la maison de retraite de mon quartier. J'y ai acquis l'expérience nécessaire pour être embauchée à l'hôpital.

— De toute façon, ma chérie, il ne faut pas compter sur les maris si on veut vivre en paix.

— Oh, il y a longtemps que j'ai abdiqué. Je pense surtout à mes enfants. Vous savez, elles sont si brillantes. Elles ont eu le bac toutes les deux et étudient pour l'une à la Sorbonne, pour l'autre à la faculté de Nanterre.

— Ma sœur, tu es bénie. Moi je n'ai jamais eu d'enfant. C'est fini. J'ai fait mon deuil. On ne peut pas tout avoir. Au début, j'en ai souffert. Imagine-toi. Cela ne s'était jamais vu dans ma belle-famille. Mes belles sœurs m'en ont fait voir de toutes les couleurs. Pas une cérémonie familiale sans qu'on me lance « dans notre famille, les femmes sont fertiles ! »

J'ai alors décidé de faire mon *Yebbi*[3] sans attendre un hypothétique baptême. Quand mon mari est rentré de la Mecque, j'ai couvert ma belle-famille de cadeaux. Tissus précieux, parures en or, parfums de grands couturiers, liasses à l'infini. Rien n'a été de trop pour leur fermer la bouche et montrer qui j'étais. Depuis lors, je suis la coqueluche de la famille, célébrée à chaque occasion. Je ne suis pas dupe. Mes belles sœurs ont poussé mon mari à épouser trois autres femmes pour faire jouer la concurrence. Mais chacune est dans sa maison. J'ai fait le deuil de mon mariage en même temps que celui de mon enfant.

Une larme vite essuyée. La fillette est prise d'une profonde tristesse. Elle pense à sa propre vie. Arrivée à Paris, sans espoir, invisible à ses propres yeux. Subir, elle ne connaît que ça. Ses seuls moments de plaisir, c'est lorsqu'elle entre en cuisine. Ses casseroles sont ses alliées. Elle y fait bouillir ses chagrins, les fait fondre et les transforme en savoureux plats du pays. Ses invités, souvent les copains de son mari, trouvent sa cuisine généreuse et thérapeutique. Ils viennent s'y ressourcer et échanger sur les nouvelles du pays.

La fillette, elle ne savait plus manger. Elle ne savait plus entretenir ce corps encombrant qu'elle trouvait laid. Elle aurait voulu le faire disparaître. Elle en avait toujours eu honte malgré le regard flatteur des

---

3. *Yebbi* : Mot wolof. Cérémonie de remise de cadeaux à la famille et surtout à la belle-famille.

hommes. Honte de ses seins trop arrondis, de ses fesses trop rebondies, de ses envies trop féminines. Elle était restée dans une sorte de béance sans fin, une crise continue de tout son être. Elle doit bien avouer que ne pas manger lui procure une joie malsaine. Elle prend une revanche sur ce poids qui l'oppresse. Elle détruit consciencieusement la chose qu'elle s'imagine lui appartenir vraiment : son corps. Elle voudrait l'user jusqu'à l'anéantissement puis disparaître sans laisser de traces. Son corps était devenu son principal ennemi, mais aussi l'arme de sa vengeance contre le monde. Elle livrait un combat mortel. Elle le savait, mais ne savait comment réagir. Ses filles étaient très inquiètes et lui prodiguaient toute l'attention dont elles étaient capables. Le maigre corps de leur maman leur causait une angoisse indicible. Elles sentaient bien qu'il s'agissait d'un appel à l'aide, mais elles étaient impuissantes devant un tel désespoir. Au fil des années, la fillette s'était affaissée, réduite, ratatinée dans une maigreur chronique qui avait fini par être son refuge.

Consumée par une culpabilité et une impuissance qui lui rongent le nombril et blanchissent son regard. Des yeux immenses et vides comme deux mers intérieures mortes dans un corps martyr. Elle est restée figée dans l'adolescence.

Un brutal trou d'air aspire l'avion et ramène l'enfant à la réalité du moment. Une voix suave : « Nous traversons une zone de turbulences. Attachez vos ceintures. » Panique. La voisine charitable l'enveloppe dans ses bras :

– Ne t'inquiète pas. Tout se passera bien. Regarde les hôtesses. Elles sont tranquilles.

Rien n'y fait, la fillette se roule en position fœtale au fond de son siège. Les mains moites, la respiration saccadée. Pas moyen de s'échapper. Les hublots, de fausses fenêtres qui ouvrent sur le vide et emprisonnent plus qu'autre chose. Elle scrute les visages. Les hôtesses restent souriantes en vérifiant que les passagers sont bien assis.

Coincée. Oui, elle est coincée dans cet habitacle sans issue qui l'enserre. Prise dans un tourbillon, elle voudrait se dissoudre dans l'air. Chaque soubresaut de l'avion accentue son impression de liquéfaction. Ce cocon de fer n'est guère rassurant. Aucune protection à attendre de ce réceptacle exigu. Les secondes passent, longues et lourdes comme des heures de guerre qui la rapprochent de la mort. Un vertige létal s'est emparé de son petit corps en boule. Elle se sent glisser vers un dénouement. La liberté retrouvée. Se fondre dans le néant. Elle se sent cotonneuse, plus légère que l'aile d'un papillon, pense-t-elle. Le trou d'air est un vide qui avale ses douleurs. Elle est le vide même, l'absence. C'est donc cela mourir. Plus de barrières, limites explosées. Les turbulences durent une éternité. Une mer de silence plat a noyé les gestes d'habitude. L'avion s'est subrepticement calmé. Les repas sont annoncés. Le fumet des plats envahit l'espace. L'hôtesse avance lentement dans l'allée, distribuant sa cargaison de nourriture. La fillette n'a pas faim. Comme d'habitude. La voisine se penche avec sollicitude :

– Nous arrivons vers vingt heures et il ne faut pas compter sortir de l'aéroport avant vingt-trois heures. Il faut manger sinon tu ne tiendras pas.

Mais la fillette décline le repas. Juste un verre de coca. Les bulles atténuent son malaise et lui donnent un peu de répit. Ses nerfs commencent à se détendre. Elle essaye de se lever pour se dégourdir les jambes, mais déséquilibrée, elle retombe lourdement sur son siège. Tant pis, pense-t-elle, plus qu'une heure de vol. Elle a prévenu sa cousine qu'elle arriverait vers vingt et une heures. Cette dernière a accepté de venir la chercher et de l'héberger. Pas d'angoisse sur ce point. Mais au fond d'elle, elle se demandait ce qu'elle était venue chercher dans ce pays qu'elle avait quitté vingt-cinq ans auparavant. Les images de la ville se fondaient en un étrange flou de couleur grisâtre dans sa mémoire. Seules subsistaient quelques fantomatiques silhouettes d'immeubles comme le building administratif qu'elle avait dû voir une fois. Elle n'avait jamais vraiment eu l'occasion d'observer la ville. Son horizon se limitait à la grande banlieue de Dakar, Keur Massar où sa tante et son mari avaient fait construire une immense maison à la cour arborée. Du coup, aller à la grande ville tenait de l'exception. Pas le temps des promenades récréatives en ville. Inutile, assénait la tante. Comme l'école. La fillette avait obtenu son brevet avec facilité, car elle était douée pour les études. La fin de ses études lui fut signifiée avec brutalité malgré ses arguments et ses promesses de faire encore plus de travaux domestiques.

« Les études coûtent cher, que crois-tu ? Je ne peux pas être au four et au moulin. J'ai été bien gentille de m'occuper de toi depuis ta naissance. Alors, ne sois pas ingrate et laisse-moi me concentrer sur Arame que j'ai négligée par ta faute. De plus, je n'ai jamais rien reçu de ton père. Ni argent ni nouvelles. » Les mots de la tante tournaient toujours autour de l'ingratitude, de la reconnaissance. « Voilà, tu me remercies en boudant, hein, moi qui ai tant enduré pour toi ! Hein, quinze longues années que je refuse de t'abandonner. »

La fillette avait mis du temps à comprendre qu'elle était différente des autres membres de la famille. Elle avait quelquefois surpris des murmures, des regards en coin, des gestes de dégoût à peine dissimulés. Le mari de sa tante prenait quelquefois sa défense. Ce qui avait le don de mettre cette dernière en furie. Un jour, elle avait émis le désir de se coucher plus tôt à cause d'un mal de ventre. La tante avait vitupéré pendant des heures. Le mari était intervenu : « mais cesse donc de harceler cette pauvre fille ! Qu'elle se couche si elle en ressent le besoin ! Qu'est-ce que ça peut te faire ? » La tante avait émis un long feulement, elle avait longuement regardé son mari de biais puis secoué la tête d'une façon qui en disait long sur la nature de ses sentiments. La sollicitude de l'oncle loin d'apaiser la gamine, lui avait soulevé le cœur et fait vomir ses tripes.

La descente sur Dakar venait de commencer et l'avion n'en finissait pas de perdre de l'altitude, accentuant le vertige de la fillette. Elle est trempée de sueur et ferme les yeux. Qu'est-elle donc venue chercher ici ? Sûrement pas l'affection de cette femme qui ne lui avait jamais témoigné la moindre sympathie. Ni pour sa cousine avec qui elle communiquait bien peu. Pas d'amie véritable. Elle a toujours été isolée. Entachée d'une tare invisible qui écartait les autres. Une fois la tante avait lâché : « Tu as intérêt à ne pas faire comme ta pauvre mère. Elle a payé sa faute de sa vie. »

La fillette a toujours su que sa mère était morte à sa naissance. Et qu'elle avait dû commettre quelque chose de bien laid pour causer autant de violence dès qu'on l'évoquait. Rien n'a jamais été clair. Peut-être en saurait-elle davantage. Elle sentait vaguement que la clef de sa vie résidait là et qu'elle comblerait quelques lacunes de son existence en faisant la lumière sur cette énigme. Car ce vide, cette impression de se désagréger dans son passé avait fini par atteindre ses filles. Leurs questions légitimes ont toujours buté sur son incapacité à y répondre. Ce sont elles finalement qui lui ont donné le courage d'affronter ce voyage tant de fois repoussé.

Comprendre pour devenir une mère. Ces dernières années, elle s'était lancée dans de multiples thérapies où sans cesse revenait la lancinante question de la maternité. Cela faisait si longtemps qu'elle n'avait que la souffrance comme compagne. Elle ne comprenait pas les raisons de cette douleur permanente et ne savait pas comment s'en défaire. Au point de s'y complaire. « Le chemin du retour est inévitable ! » avait conclu son dernier thérapeute. Elle ne pouvait plus différer.

Les lumières naissantes derrière les hublots annonçaient l'atterrissage prochain. La fillette eut une pensée pour sa famille à Paris. Elle fit une prière silencieuse pour elle.

La nuit est tombée sur Dakar. La petite fille se sent bien faible. Tiendra-t-elle ? Elle s'appuie sur sa gentille voisine pour sortir de l'avion. Elle manque la dernière marche de la passerelle et s'étale de tout son long sur le tarmac mouillé, vaincue par le souffle brûlant qui l'a giflée et lui donne l'impression de cuire à l'étouffée. Ce n'est pas ainsi qu'elle s'imaginait son retour au pays natal. C'est à genoux, exténuée, qu'elle foule la terre de son pays. Elle est perdue, désorientée, prise d'affolement. Une foule se précipite à son secours et la prive du peu d'air qui lui permet encore d'entretenir un rien de conscience. Une chaise roulante est avancée. On l'installe doucement. Tout est flou et les sons lui parviennent au ralenti. La brutale clarté de la salle des formalités de police lui rend un peu de lucidité. La chaise roulante l'emmène récupérer sa valise. Elle n'en a pas. Elle est donc la première à sortir. Dans la cohue, elle a oublié de dire au revoir à sa sympathique voisine. Elle le fait mentalement.

Dakar, enfin…

Pour une raison qu'elle ignore, un poème de Léon Damas s'incruste dans sa tête. Elle le récite à voix basse sans se soucier des gens qui la bousculent :
« Désir d'enfant malade d'avoir été
Trop tôt sevré du lait pur,
De la seule vraie tendresse.
J'aurais donné une vie pleine d'hommes
Pour te sentir, te sentir près, près de moi
De moi seul, seul
Toujours près de moi seul
Toujours belle comme tu sais si bien
L'être toujours après avoir pleuré. »
La fillette est tirée de sa rêverie par la voix stridente de la cousine qui, visiblement, a du mal à en croire ses yeux.

– Enfin te voilà ! Je ne sais même pas comment je t'ai reconnue. Seuls tes yeux n'ont pas changé. Mon Dieu, comme tu es maigre ! Es-tu malade ? Tu me fais peur.

La cousine Arame remercie d'une pièce le préposé

à la chaise roulante et l'aide à se relever. La petite fille a du mal à se lever, mais au prix de quelques minutes, elle parvient enfin à embrasser sa cousine. Le contraste est frappant. Arame est énorme. Un corps lourd et flasque dans les plis duquel elle disparaît. Elle parvient enfin à se défaire de cette accolade sans chaleur, mais risquée pour sa survie. Elle jette un regard circulaire sur son nouvel environnement. Visiblement, il a plu à Dakar. De petites flaques reflètent joliment la lumière des néons. La chaleur est moite, difficilement supportable. Mais l'heure n'est pas à se plaindre. La fillette se laisse docilement conduire.

— Tu es bizarre, toi, dit la cousine, aucun bagage ! Où a-t-on vu ça ? Comment feras-tu pour les cadeaux ? Tu y as pensé au moins ? Décidément, en vingt-cinq ans, tu n'as pas changé.

Un vieux taxi brinquebalant s'est arrêté. Une vive discussion entre le chauffeur et la cousine. Éclats de voix. Tous voleurs.

Le taxi fait mine de s'éloigner puis recule avec un signe de découragement. La cousine ouvre la portière avec un sourire de victoire. La petite fille est montée sans demander la destination. Le taxi plonge allégrement dans les lacs réguliers qui ponctuent la route. « Y'en a marre ! La moindre pluie et c'est l'inondation. Nos gouvernants sont vraiment inaptes. Ils ne sont intéressés que par le pouvoir. Rien à faire. Tous les mêmes. » Suit une longue litanie de plaintes de toutes sortes. Tout y passe. La vie chère, le manque d'électricité, les hôpitaux mouroirs ignobles… La fillette somnole vaincue par tant de maux. « Vivement que les choses changent. » Le chauffeur s'est transfiguré en héros révolutionnaire, encouragé par sa propre voix et par les répliques de la cousine, volubile. Le pays va mal. Une campagne électorale permanente et violente. La ville ? Dans le noir la plupart du temps ! La misère de plus en plus prégnante et dans des formes de plus en plus répugnantes ! Des talibés à tous les coins de rue ! Une insalubrité chronique !

L'enfant n'éprouve pas le besoin de parler. Juste envie d'un lit où poser son corps meurtri. Les yeux mi-clos, elle se laisse absorber par l'obscurité. La nuit est épaisse et moite, trouée par les phares agressifs des voitures. Le taxi traverse une zone surpeuplée où les gens semblent pousser sur l'asphalte comme des capucines sur un lit d'herbes.

Brutalement, la voiture s'arrête sur l'ordre de la cousine devant une méchante porte verte calée par un gros caillou. L'enfant ne reconnaît ni le quartier, ni la maison, mi-baraque, mi-masure, à la fois massive et fragile, repliée sur elle-même, l'air de sortir étonnée d'un tas de gravats. Peu accueillante, elle a l'air de froncer les sourcils. À côté, quelques jeunes gens sont agglutinés devant ce qui ressemble à la devanture d'une boîte de nuit.

Une voix d'homme est sortie de la porte verte et

invite les jeunes femmes à ne pas trop traîner dehors. C'est le mari d'Arame, sombre gorille à la barbe épaisse et désordonnée et aux manières brutales. Il a hurlé l'ordre, alerté par le bruit du véhicule, mais n'a pas bougé d'un iota du salon où il est vautré devant une vieille télé qui crache un son de mauvaise qualité.

Rien n'étonne la fillette. Pas l'énergie d'ouvrir véritablement les yeux. Elle salue poliment et demande si elle peut aller dormir. On lui indique sa chambre et la salle de bains. L'humidité mêlée à la forte odeur d'encens de mauvaise qualité et à la faible luminosité rendent la pièce peu accueillante. La fillette n'a pas le temps de s'appesantir sur les détails. Elle remarque juste la vétusté du mobilier posé sur un sol en lino vert. Elle s'engouffre dans la salle de bains.

Il fait nuit sur Dakar et les bruits de la ville s'éteignent doucement dans un silence de cauchemar. Cette première nuit prend des allures de fin de gestation. Douleurs diffuses. La petite fille ne sait pas si elles sont physiques ou si ce sont ses fidèles compagnes. L'eau fraîche ne parvient pas à dissiper ses angoisses. Une voix intérieure lui souffle qu'elle devrait essayer de récupérer des forces après toutes ses dernières journées de confusion. Ses yeux piquent affreusement, mais l'envie de dormir n'est pas là et cette veille commence à l'épuiser nerveusement. Elle ne cesse de bâiller.

La cousine Arame frappe à la porte et propose un pagne et un tee-shirt. « Demain je te prêterai quelques habits, mais je te préviens, tu vas nager dedans. Si tu veux manger un morceau, il reste du pain et des œufs. Tu n'auras qu'à me demander. Bon, tu dois être fatiguée. Je vais te laisser. »

La petite fille marmonne un merci d'automate moins pour sa cousine que pour se retrouver enfin seule. Elle avait secrètement espéré dans ce retour au pays, une forme de délivrance, une familiarité du milieu dans lequel elle a vu le jour pour écarter cette étrangeté qui l'habite.

Première nuit

L'amorce de cette première nuit fait surgir des voix grinçantes dans sa tête. Elle avait pourtant cru que ce voyage serait le point de départ de sa guérison. Ça commençait mal. La fatigue déformait sa perception de la réalité et tout lui paraissait exotique. Que faisait-elle dans cette chambre miteuse dont les murs étaient semblables à ceux d'une prison. Elle retrouvait la même oppression qu'à l'entrée de l'avion. Allait-elle crier de désespoir ? Mon Dieu, j'aimerais tant trouver la lumière ! Elle aurait tant voulu chasser les ténèbres qui l'engloutissaient chaque nuit et la laissaient chaque matin plus fragile. Voici qu'à nouveau, elle était dans un vide sans fin qui l'absorbait sans qu'elle puisse y résister. Si ce voyage ne tenait pas ses promesses, y survivrait-elle ?

L'éclairage pâle de la chambre n'aidait pas à la tranquillité de l'âme. Le mur semblait être un écran où elle voyait des ombres maléfiques comploter contre elle. Fermer les yeux équivaudrait à se laisser dévorer.

Elle décide de lire son roman. Ses collègues lui en

ont dit le plus grand bien. Elle aimerait tant voir ces mille soleils annoncés illuminer ses sombres heures et exploser de leurs rayons bienfaisants l'insidieuse solitude de ses paysages intérieurs.

La lecture est devenue essentielle pour la petite fille. Dès son arrivée en France, elle a repéré les bibliothèques municipales et s'y est inscrite, lisant classiques et nouveautés avec un appétit inverse à celui qu'elle investissait dans les nourritures terrestres. Elle se délectait des biographies historiques, des romans français et étrangers, des pièces de théâtre. Seuls les essais n'avaient pas encore leur place dans la solide culture littéraire qu'elle s'était forgée. Le tout, sous les yeux désapprobateurs de son mari qui trouvait qu'elle perdait son temps.

Le miracle du livre opère. Elle devient Mariam dans ces montagnes afghanes humides. Elle transgresse les lois non écrites en fumant en cachette les cigarettes de Rachid, le mari. Elle ressent la gêne de Mariam lorsqu'elle enfile la burqa, lorsqu'elle doit la soulever pour manger. Les questionnements de Mariam deviennent les siens et elle glisse peu à peu dans un profond sommeil bercé par les notes de musique de Patience Dabany distillées dans la boîte de nuit attenante.

« L'amour d'une mère ne s'éteint jamais, » dit la chanteuse. Les paroles de la chanson semblent taillées sur mesure. Elles s'infiltrent lentement en elle et la magie de la nuit africaine opère et transporte la petite fille dans les bras cotonneux et lumineux d'une magnifique jeune femme au sourire apaisant. Les murs sont disloqués. L'air est pur et parfumé. Tout autour d'elles respire beauté et harmonie. Pas d'aspérité. La lumière est douce et irréelle. La petite fille se sent bien pour la première fois de sa vie.

Si ce n'est pas le paradis, se dit la petite fille, ce lieu y ressemble beaucoup. La mère et la fille se sont reconnues. Pas besoin de paroles. Elles se comprennent par toutes les langues du corps. « Maman, pourquoi m'as-tu abandonnée ? »

La réponse envahit l'enfant comme une évidence.

« Non, petite, je ne t'ai pas abandonnée. Je t'aime tant, ma petite fille. Ne te fie pas aux apparences. Il faut avoir connu le manque pour savourer la plénitude. Et toute chose dans la vie a besoin de son contraire pour clamer son existence. »

La petite fille commence à comprendre. Ses épreuves n'étaient donc pas vaines. Sa longue nuit intérieure devait précéder un jour plus éclatant. Elle accepte cette bouleversante découverte avec ferveur. Mais l'heure n'est pas aux conjectures. Elle se replonge dans les bras maternels et se fond en eux. Elle atteint un tel degré de félicité qu'elle devient l'air qu'elle respire. Elle est les fleurs qui l'entourent. Elle est la musique qui la berce. Le temps s'est arrêté pour la laisser faire corps avec sa terre, son mystère et sa beauté.

Au bout d'un temps infini de tendresse retrouvée,

une promesse lui est soufflée.

« Je reviendrai toutes les nuits et tu trouveras la solution. »

Le premier jour.

La maisonnée dormait encore lorsque l'aurore s'infiltra dans la chambre et caressa la jeune fille pour un réveil tout en douceur. Le jour semblait un nouveau-né flottant dans des langes roses et blancs. Avait-elle rêvé ? Tout était pourtant d'une remarquable clarté et elle n'éprouvait plus aucune des douleurs de la veille comme si elle les avait exsudées. Elle aurait voulu reprendre l'avion le soir même, mais intimement, elle savait que le chemin de la guérison était encore long et qu'elle n'en avait exploré qu'une infime partie. Il lui restait encore une semaine pour comprendre le reste. Elle ignorait où cela la mènerait. Un coin du voile s'était levé. Il lui faudrait le courage d'ouvrir enfin les yeux. Le courage de grandir pour continuer à vivre.

Elle resta un long moment allongée sans autre sensation que celle de son corps légèrement engourdi, mais prêt à aller à l'assaut de la journée. Elle voulut entendre les voix de ses filles, mais réfléchit au décalage horaire. Elles devaient certainement dormir. Elle se promit de le faire plus tard. Elle savait ses filles raisonnables et compréhensives. Rien ne devait la détourner de ses objectifs. L'idée lui vint alors de leur raconter son singulier voyage de manière plus étendue. Oui, pour elles, mais aussi pour elle-même et bien d'autres.

Un jour nouveau se lève sur Dakar, étrange jour pour une fillette qui a l'impression d'avoir dompté la nuit. Un ennemi de moins, pense-t-elle. Ou plutôt une amie de plus. Elle effleure en pensée son miracle nocturne de peur de le voir s'envoler. Elle se refuse à trop y réfléchir pour ne pas le ternir. Elle sait prendre soin de ce qu'elle aime. Alors, elle entretiendra cette nuit dans sa mémoire comme une bulle de savon sur laquelle on souffle délicatement pour la maintenir haut et éviter qu'elle éclate.

Le chant d'un coq attardé, un bêlement suivi d'un autre. La maison s'éveillait doucement. De la rue montaient déjà les rumeurs des activités diurnes. Klaxons rageurs et longs hennissements de chevaux sur les flancs desquels s'abattait régulièrement le claquement d'un fouet impatient. Cliquetis métalliques et aboiements plaintifs d'un chien surpris par les feux du soleil.

La fillette hésite. Elle est partagée entre l'envie mêlée de curiosité de plonger dans la ville et une anxiété paralysante. Elle a presque tout oublié. Elle doit donc se montrer prudente. Elle risque un œil hors de la chambre et parcourt le couloir étroit et sombre, immobile, incapable de poursuivre son exploration. Mais des bruits lui parviennent de la porte tout au fond. Quelques rayons s'infiltrent péniblement à travers les lattes. La fillette éprouve une sensation d'oppression dans ce couloir et le traverse d'un bond en fermant les yeux. Elle manque tomber en poussant la porte, car celle-ci n'est pas fermée. Elle ouvre sur une petite cour où conversent quelques arbres fruitiers, un manguier, un papayer, un goyavier, un citronnier lourdement chargé et un cocotier qui danse sensuellement.

La cousine Arame est déjà levée. Elle balaie le sable de la cour et nourrit la volaille affamée et quelques moutons qu'elle élève avec grand soin. Les salutations sont plus cordiales que la veille. Arame pose son balai et vient embrasser la fillette qui manque encore une fois de tomber. Le contraste est saisissant.

– Tu as meilleure mine ce matin. Mais la France n'est plus ce qu'elle était. Comme tu es maigre !

La fillette n'est plus à une remarque près sur son corps chétif. Elle sourit pauvrement en pensant à tous ces plis de graisse qui ondulent devant elle. Elle a la délicatesse des blessés qui ont mal cicatrisé et devine chez sa cousine une déchirure peut-être plus profonde que la sienne.

Peu de souvenirs communs. Deux ans d'écart, peut-être plus, peut-être moins, mais surtout tenues à distance l'une de l'autre pour éviter je ne sais quelle contamination. La fillette se souvient qu'Arame détestait l'école autant qu'elle l'aimait. Ses études avaient tourné court malgré la volonté de ses parents d'en faire une grande intellectuelle, disaient-ils. Arame était à mille lieues de ces préoccupations. Du plus loin qu'elle se souvienne, elle n'a jamais eu qu'une obsession, manger. Mordre dans tout ce qui était comestible. Dévorer des régimes entiers de bananes. Se gaver jusqu'à l'étouffement. Au début, sa mère n'a pas vu venir le problème. Bien au contraire. Elle emmène régulièrement sa fille s'empiffrer de glaces, un peu par snobisme. Puis elles font le tour des pâtisseries et rentrent lestées de piles de gâteaux de toutes sortes, de viennoiseries bien grasses, de pains divers. La mère et la fille s'enferment dans une pièce et dévorent consciencieusement leur trésor sucré. Jusqu'à la dernière miette pour éviter que la petite nièce ne puisse en aucun cas se régaler de la plus petite parcelle de leurs restes. La fillette se souvient. Peut-être en a-t-elle conçu son dégoût de la nourriture. Elle plaignait Arame. De toutes ses forces. Surtout les jours où, son corps au bout du rouleau rejetait violemment tout ce qu'elle avait ingurgité. La pauvre restait alitée pendant des jours, le ventre en feu. Dès qu'elle allait mieux, le même cycle reprenait et Arame grossissait à vue d'œil.

Un bêlement plus impatient tire la fillette de sa rêverie. Elle s'acclimate à la petite cour. Le manguier aux feuilles oblongues lui tend ses bras rugueux et elle se love contre lui. La maison elle-même lui paraît soudain moins hostile. Son caractère ramassé lui donne un air de stabilité, d'intangibilité. La fillette sent que derrière son apparence austère, cette maison est enracinée comme ces arbres fixés au sol. La petite fille ressent des images familiales heureuses, mais fragiles. Une voix lui souffle qu'il faut en toute chose dépasser les apparences. Ces murs portent de vivaces souvenirs. Elle le sent par tous les pores de sa peau. Et ce sable chaud qui caresse ses pieds nus a une mémoire. Elle essaie de capter ce temps enfui et parvient à en saisir quelques lambeaux qui la font sourire.

Le petit-déjeuner est prêt, lance Arame. En l'honneur de son hôte, elle a dressé une table de fête. La fillette manque défaillir devant une telle débauche de victuailles. De la bouillie de mil au lait parfumé, de l'agneau cuit en sauce, une omelette aux oignons, de la charcuterie de bœuf savamment orchestrée sur un plateau. Mille fruits variés artistiquement découpés. Des viennoiseries rutilantes. Des jus de fruits de toutes les couleurs. La blancheur du lait. Le café noir.

La fillette est de nouveau prise de vertiges. Elle tombe sur une chaise en pensant malicieusement à tous ces fieffés menteurs qui lui ont toujours répété que l'Afrique était le continent de la misère. Rien qu'à la vue de tous ces mets, elle est rassasiée. Mais elle ne veut pas froisser Arame qui est toute fière de son œuvre. Son mari arrive en traînant la savate. Un

Salamaleikum expédié et il passe à l'attaque.

La petite est très douée dans l'art de duper son monde pour ne rien avaler en donnant le change. Cette fois, elle n'a pas que peu d'efforts à fournir. Le couple est très affairé et ne lui porte que peu d'attention. Quelques banalités échangées. Chacun reste dans sa bulle. Les longues années de séparation ne peuvent être évoquées dans ce cadre. La fillette observe sa cousine en grignotant et a l'impression de la découvrir. Arame consent enfin à relever la tête et leurs regards se croisent. La fillette fait mine de ramasser sa serviette. Elle est bouleversée. Elle a reconnu dans le regard d'Arame comme une gémellité. Ah ! Ce vide insondable que rien ne peut remplir. Elle comprend en un éclair que toute cette nourriture ingérée n'a qu'un objectif. Combler une faille de l'âme, une fissure plus grande que toutes celles qui traversent la maison, un gouffre béant, un tonneau des Danaïdes plus profond qu'un puits au Sahara. L'âme d'Arame est prisonnière des amas de graisse qui l'enrobent. Cadenassée. Et ses yeux ne respirent pas. Aucune étincelle. Une détresse insupportable pour la fillette. Elle demande poliment à quitter la table pour téléphoner à ses filles et à son mari. Arame lui répond un « bien sûr » expéditif pour effacer son inconfort éphémère et se recaler dans ses bonnes vieilles habitudes.

La fillette retourne dans sa chambre et s'enroule dans les draps, les yeux mi-clos. Elle se rappelle que son numéro parisien ne peut appeler de Dakar et elle diffère son coup de fil.

De longues minutes vides sont passées. Elle reste tétanisée dans son lit. L'ampleur de sa tâche la remplit d'un désespoir violent.

Saran

Une voix de femme au fort accent étranger hurle le nom d'Arame. À leurs éclats de voix, la fillette pense qu'il s'agit d'une amie de sa cousine et s'en réjouit. « Si ces deux-là passent du temps ensemble, je serai tranquille. » Décidément, ce n'est pas son jour. Arame frappe et ouvre la porte d'un même mouvement. Comme la veille, la fillette se laisse conduire dans la chambre de sa cousine. Une serviette est étendue par terre et une dame d'un certain âge attend sur une chaise. Elle a aligné sur le côté plusieurs pots d'onguents. Arame fait les présentations. La dame est une masseuse traditionnelle qui vient lui rendre visite toutes les semaines. Les séances de massage lui sont devenues nécessaires sinon elle s'effondrerait. Mère Saran était originaire du Mali et possédait des connaissances incroyables sur le corps et ses maladies, sur les plantes et leurs vertus. Arame se déshabilla et Mère Saran se mit à l'œuvre. Elle récita une brève incantation, souffla dans ses mains et entreprit d'enduire le corps de la jeune femme de karité. Assise sur le lit, la fillette suit attentivement le rituel. Elle apprendra sûrement de quoi soulager ses vieux de l'hôpital. D'abord silencieuse, Mère Saran devient soudain prolixe. « Ah, ma pauvre fille, ton corps est tout pourri ». Elle appuya sur une vertèbre. Arame hurla de douleur. « Tu vois, tu n'as toujours pas oublié cet homme. Qu'attends-tu donc ? Toujours à espérer ». Les mains de Mère Saran pétrirent longuement le dos d'Arame s'attardant sur ce qu'elle appelait les faiblesses de sa tête. Puis elle engagea le reste du corps dans une farandole de gestes et de prières totalement incompréhensibles pour la fillette. Tout au plus comprit-elle que la vieille Saran investissait une énergie phénoménale dans son travail, bien plus que sa force physique. Elle semblait en lien avec un souffle mystique venu des profondeurs de l'Afrique ancestrale. Du reste, elle était en nage lorsqu'elle décréta que la séance d'Arame était terminée. Elle s'assit sur une chaise pour récupérer et la fillette surprit une larme dans les yeux de la vieille dame. À haute voix, elle s'exclama : « le mal est trop profond. Eh Allah ! »

Arame avait déjà pris le chemin de la douche. Mère Saran invita la fillette à se déshabiller. Malgré ses réticences, elle se décida. Qu'avait-elle à perdre ? Au moins, elle n'aurait pas d'arguments à fournir pour justifier un refus.

Mère Saran fut émue en découvrant son corps décharné, mais elle n'en fit rien paraître. Dès que ses mains entrèrent en contact avec la peau de la fillette, ses larmes coulèrent.

– Pourquoi tant de méchanceté contre nous les femmes ? ne put-elle s'empêcher de s'écrier.

– Pardon, petite pour tout ce que tu as subi. Aucun être humain ne devrait être traité de la sorte.

Les mains de Saran exploraient la géographie de la fillette, s'arrêtant sur les reliefs et les vallées, dénouant les pièges invisibles, s'adressant par moments à des personnages visibles d'elle seule. Elle mit un soin particulier à traiter chaque parcelle et le corps de la petite fille semblait se repulper sous les doigts de la magicienne.

Son esprit chevaucha des nuages blancs et se trouva bientôt au-dessus d'une savane assez dense où elle put voir une jeune femme lourdement enceinte, installée sur un âne et escortée de trois gardes. Le décor lui est inconnu, mais la jeune femme en travail ressemblait étrangement à Saran. Les mêmes traits fins. Le même tatouage rituel à la lèvre inférieure qu'arborent traditionnellement les femmes peules. Oui, c'était bien Saran avec un bon demi-siècle en moins.

La jeune femme est aux aguets, terrifiée par les ricanements des hyènes et des singes, les aboiements des lycaons, les sifflements des serpents. Elle doit mettre cette brousse ténébreuse infestée de fauves affamés et d'esprits malfaisants entre son enfant et la famille de son fiancé trahi. C'est sa première sortie depuis son mariage. Elle a littéralement été séquestrée depuis un an par son mari.

Saran avait été une magnifique jeune fille convoitée dans le Tambacounda. Orpheline de mère dès la petite enfance, elle avait dû suivre son père trop malheureux d'avoir perdu sa femme pour demeurer dans son Wassoulou natal, vaste territoire peul, occupé jadis par des Bambaras et situé entre le sud-ouest du Mali et le nord-est de la Guinée. Les Wassoulounkés, des Peuls sédentarisés ayant adopté la langue malinké, sont des éleveurs et surtout des agriculteurs habiles. Traditionnellement les Peuls du Wassoulou se reconnaissent par leurs patronymes : Diallo, Diakité, Sidibé et Sangaré. La famille avait trouvé une petite maison dans les terres arides du Sénégal oriental loin de ses racines peules. Officiellement, le père vendait des douceurs, miel, bonbons et biscuits. Mais tout le monde savait qu'il détenait le savoir le plus précieux qui soit. Il possédait la langue des plantes de la savane accessible aux seuls initiés et transmise de génération en génération à un seul descendant par branche familiale. Il savait distinguer les vertus curatives des plantes de leurs effets toxiques. Il connaissait la magie de la nature et les formules qu'il fallait prononcer pour qu'elle accepte de livrer quelques-uns de ses secrets. Il faisait brûler certains rhizomes odoriférants en l'honneur des mânes des ancêtres avant toute opération. Il avait initié Saran bien qu'elle fût une fille, car en plus de sa grande beauté, Saran était remarquablement intelligente et sensible. Elle avait le don de lire dans les corps comme dans un livre ouvert. Dès que le père lui avait appris à distinguer le poison du remède, elle avait su que c'était là la connaissance à la fois première et ultime d'où découlait tout le reste.

Saran était fiancée à un jeune Malinké pour qui elle représentait la prunelle de ses yeux. Les noix de cola avaient déjà été présentées au père qui les avait acceptées. C'était sans compter la voix du destin qui avait décidé que Saran épouserait le fiancé de sa meilleure amie, un chauffeur routier présenté par le plus grand des hasards à son père par un sombre après-midi pluvieux d'hivernage. Contrairement à bon nombre de ses amies, Saran allait à l'école française. Elles étaient une poignée de jeunes filles insouciantes promises à un bel avenir. Un jour, la pluie les ayant surprises sur le chemin, elles furent embarquées dans le camion du fiancé de la meilleure amie de Saran, Maï, qui passait par là. Chacune fut déposée chez elle. La maison des Diakité était la plus éloignée. Saran fut donc la dernière dans le camion. La conversation aidant, le jeune routier s'aperçut que Saran était du même village Wassoulounké que lui et il décida de descendre saluer son père. Il passa la soirée dans la maison, y dîna et repartit tard le soir avec la promesse du père de lui offrir Saran en mariage. Aucun argument ne parvint à fléchir le père, habitué à dresser son monde et à être obéi. Saran, meurtrie par la double trahison qu'elle infligeait à son fiancé malinké et à sa meilleure amie, fut mariée dès le lendemain au jeune Sidibé qui n'en attendait pas tant et oublia bien vite la promesse faite à Maï. Il prit soin d'enfermer la pauvre Saran sous la garde de sa mère pour éviter la colère du fiancé éploré qui avait juré de se venger, privant la jeune fille de ses études, de ses amies et de tout ce lui était familier. Enceinte, la jeune fille était restée cloîtrée jusqu'au terme de sa grossesse. Appelé au chevet de sa fille qui ressentait les premières douleurs, le père lui avait donné sa bénédiction et avec la complicité du mari, avait décidé qu'elle devait s'éloigner définitivement de Tambacounda. C'est ainsi que lestée du poids de sa double trahison et de son enfant, la pauvre Saran avait quitté la région en plein travail, en pleine nuit, escortée de trois molosses, anciens lutteurs grassement rémunérés.

Elle était consumée de peur et de douleur devant les ombres grimaçantes et tordues des arbres à la lumière des torches de bois. Elle savait que la nuit était la propriété des fantômes, des djinns et des démons de toute nature. Il lui semblait entendre leurs complots et leurs chuchotements dans cette opacité surréelle. Tout un monde s'activait invisiblement. La jeune femme ne devait son salut qu'à la solide protection mystique de son père avant leur séparation définitive.

La masseuse était trempée de larmes et de sueurs

mêlées. La petite fille quant à elle a tremblé avec Saran dans la savane, elle a frissonné aux cris des bêtes sauvages et hurlé de douleur lorsqu'aux premières lueurs de l'aube, la jeune femme avait mis au monde sa fille Djouma dans la solitude la plus totale à l'entrée du village de sa mère.

Les mains de la masseuse font corps avec la peau de la fillette qui vient de vivre l'épopée de Saran dans toute sa tragédie. Entre les deux êtres passe un fluide de compassion mutuelle. Le corps de la petite vibre, palpite et reprend vie grâce aux mains balsamiques de la vieille Saran qui palpe, tire, étire, caresse puis devient plus énergique, jusqu'aux limites de la douleur lorsque les pouces fermes appuient sur les nœuds récalcitrants.

Elles sont épuisées toutes les deux par ce corps à corps hors du commun, mais elles sont traversées par une paix profondément salutaire. Saran est bouleversée par ce qui vient de se produire. C'est une première pour elle aussi malgré son métier. Une telle sensibilité ! Une telle réceptivité ! Elle aurait aimé que la fillette fût sa fille pour lui transmettre tout son savoir ! Sa mémoire s'est enclenchée et elle est incapable de l'arrêter. Ses souvenirs, elle les avait enfouis loin dans sa mémoire pour juguler sa frustration. Voici qu'à la faveur d'une séance insolite qu'elle n'avait absolument pas prévue, tout lui revenait. Elle ne parvient pas à arrêter le flot d'images assoiffées qui se pressent à la surface de sa mémoire. Elle ferme les yeux de toutes ses forces pour les repousser. Non elle ne peut plus revivre ça. C'est trop cruel. Elle n'y survivrait pas. Mais les images refusent de céder et la vieille Saran n'a pas d'autre choix que de se laisser envahir puis déborder. Les digues cèdent les unes après les autres dans un vaporeux débordement. Quand Djouma est morte dans ses bras six ans et sept mois plus tôt, la vieille femme s'est juré que plus jamais, elle ne laisserait un chagrin lui trouer l'âme de nouveau. Et voilà que du fond de sa mémoire surgissent les fantômes douloureux de son passé.

Comment aurait-elle pu oublier le martyre de sa fille aînée, tombée sous les coups doublement assassins d'un homme qui avait repris femme avant que son cadavre fût froid ?

C'est elle Saran qui avait veillé sur sa fille enceinte de plusieurs mois, victime de la jalousie perverse d'une coépouse et de la violence aveugle d'un époux manipulé.

Parmi tous ses enfants, Djouma était celle qui lui ressemblait le plus. La jeune femme avait hérité de la beauté et de la sensibilité maternelle.

Mais Djouma était surtout une insoumise. Elle était intelligente et entendait exercer son raisonnement sur les décisions qui la concernaient. Aussi avait-elle bravé l'interdiction parentale pour épouser un homme qui n'était ni de son rang social ni de son ethnie, mais dont elle était éperdument amoureuse. Elle ne croyait aucunement en la prétendue infériorité de certaines castes et vouait aux gémonies les avertissements de sa mère. Djouma ne voyait plus, n'entendait plus et ne parlait plus que de Mor, un bellâtre sans envergure que son amour parait de toutes les qualités. Mor avait certes la langue bien pendue. Saran mettait cette particularité bien sonore sur le compte de son ascendance griotte et n'avait jamais accepté qu'il mette les pieds chez eux. Qu'à cela ne tienne, Djouma avait illico presto déménagé chez le bonhomme sous l'œil féroce de son père qui la renia sans autre forme de procès.

Saran était impuissante et ne pouvait abandonner sa fille. Elle tenait à Djouma désespérément. Elle avait senti l'agressivité morbide de Mor derrière son affable bavardage. Aussi ne fut-elle qu'à moitié étonnée lorsqu'un jour, Djouma débarqua chez elle enceinte, en sang et en pleurs. Deux jours plus tard, la jeune femme avait rendu l'âme au milieu d'atroces souffrances, après avoir accouché d'un bébé mort-né. Mor ne vint pas aux obsèques. Le père de Djouma disparut pendant un mois sans donner de ses nouvelles. Saran dut affronter seule les frais de l'enterrement et s'évertuer de ne pas sombrer dans la folie du désespoir. Elle a retenu ses larmes comme on fait un barrage sur l'océan. Elle devait continuer à vivre pour pouvoir subvenir aux besoins de ses autres enfants. Elle s'est accrochée à son travail comme à une bouée pour ne pas se noyer dans les eaux noires de la dépression.

Elle trompe bien ses clients en affichant une perpétuelle bonne humeur qui déconcerte ceux qui connaissent son histoire. Au point que certaines méchantes langues la traitent de sorcière dévoreuse d'enfants.

La vieille Saran avait enduré l'insupportable pour sa famille. Son mari était maintenant mort depuis quelques années et les charges familiales reposaient sur ses seules épaules. Elle venait de revivre cet après-midi-là, l'épisode le plus douloureux de toute sa vie, sa rupture la plus brutale. Passé le premier choc, elle eut cependant de curieuses sensations.

Elle recouvrait dans sa totalité sa réalité temporelle suspendue. Les caprices de sa mémoire avaient escamoté beaucoup de ses souvenirs. Mais elle venait d'en retrouver certains qu'elle croyait perdus. Les pointillés devenaient ligne droite. D'une certaine manière, elle venait de retrouver sa fille et malgré le chagrin encore vivace, elle en concevait un profond apaisement. Les temps se confondaient dans sa mémoire et elle se dit qu'elle venait de franchir une étape importante.

Tout n'était pas perdu. La vie pouvait reprendre plus vigoureusement qu'elle ne l'avait jamais été, avec ses tensions et ses révoltes. Avec ses promesses aussi. La vieille femme ramassa soigneusement son matériel et le rangea. Elle prit une longue douche parfumée suivie de rigoureuses ablutions. Puis elle se prosterna dans une fervente prière de reconnaissance à Allah. En quittant la maison, la vieille Saran emporte un baume de plus, l'espoir, et elle se rappelle qu'après tout, à soixante-cinq ans, sa vie est loin d'être terminée.

La petite fille s'est endormie sur sa serviette un temps infini. Combien de temps est-elle restée allongée là ? Saran lui avait appliqué le massage traditionnel réservé aux bébés à la naissance qu'elle n'avait jamais reçu. Alors, comme un bébé repu, elle n'avait pu résister à la douce léthargie qui saisit les nourrissons massés.

La charge émotionnelle avait été intense. Les onguents et décoctions de la vieille Saran avaient exprimé leurs bienfaits et la petite fille expérimente une légèreté et un bien-être totalement inédits. Elle se demande si elle a rêvé. Quand elle se réveille enfin, la vieille femme a disparu et la chambre est plongée dans le noir. Confusion totale des sens. Elle reprend ses esprits lentement. Elle est incapable de gestes brusques. Tout est ralenti. Elle vient de vivre jusqu'au plus profond d'elle-même un mystère dont elle n'a pas les clefs et que ses mots sont incapables de décrire véritablement. Elle a du mal à reconnaître l'endroit. Elle se frotte les yeux à s'arracher la peau. Quand ils se sont peu à peu habitués à la pénombre, elle se lève et entrouvre les lourds rideaux sombres qui obscurcissent la pièce. Il fait encore jour et la chaleur devient subitement suffocante. Elle met un temps infini à se remettre en état de penser. Il lui semble avoir entendu de petits coups frappés à la porte. Elle ramasse la serviette pour se couvrir. C'est Arame chargée d'un plateau-repas.

– Tu dois avoir faim. Je n'ai pas voulu te réveiller pour que tu profites bien de ton massage. Tu en avais bien besoin. Tu vois, j'avais raison. Saran est vraiment douée. Une vraie magicienne !

La fillette est touchée par la sollicitude d'Arame et lui exprime une muette reconnaissance. Oui elle a faim et se jetterait bien sur le plateau, mais elle se sent un peu poisseuse et décide de prendre une douche avant de manger. Arame lui sort un ensemble en wax de son armoire. Un pagne accompagné d'un petit boubou coupé au genou et surmonté d'un foulard. C'est ce qu'elle a trouvé de moins ridicule pour la petite dans sa garde-robe.

– Ensuite, je te prêterai mon téléphone. Ton mari et tes enfants doivent être morts d'inquiétude !

C'est vrai. Elle n'y pensait plus. Les filles ont sauté sur le téléphone à la première sonnerie. La fillette les rassure.

Oui, elle est bien arrivée. Il ne fallait pas s'inquiéter. Est-ce que tout allait bien ? Mangeaient-elles à leur faim ? Et Papa ?

– Toujours égal à lui-même. Silencieux ou hurlant des ordres.

– Pas grave. Faites du mieux que vous pouvez. Je vous fais confiance. Je sais que vous ferez mieux que moi. Je dois raccrocher. Ne vous inquiétez pas. Je vous écrirai longuement. Une semaine, ce n'est pas long.

– Tu nous manques, maman. Nous t'aimons.

– Surtout, dites à votre père que tout va bien. Pas d'inquiétude. À bientôt, mes amours !

La fillette a raccroché vite pour ne pas pleurer devant les enfants. Arame la prend dans ses bras et ses larmes coulent. Ses bras sont flasques, mous et rassurants. La fillette s'y enroule comme dans un cocon de ouate.

Elle regarde Arame d'un autre œil. La jeune femme a des traits réguliers et un joli teint noir brillant. La fillette ne veut pas croiser son regard trop longuement. Donc elle l'évite soigneusement. Arame porte un foulard qui lui cache les cheveux, mais révèle la finesse de ses traits. Elle est peu souriante, mais sans hostilité. Elle fait ce qu'elle a à faire. Ni plus ni moins. Comme ça, elle ne risque rien. Elle guide la fillette vers la douche comme on guide un enfant malade.

– Nous ferons ensuite la prière, si tu veux.

La fillette n'a plus prié depuis longtemps. Arame lui réapprend les gestes des ablutions.

– Nous irons ensuite rendre visite à ta mère. C'est important de prier pour les morts. Nos prières sont leur nourriture.

La fillette se laisse faire. Arame a raison et puis il faut bien commencer quelque part.

Visite au cimetière

Le temps est légèrement brumeux, cet après-midi. Le cimetière de Yoff s'étend sur un vaste territoire clos balayé par le vent de l'océan tout proche. Devant la grande porte, des mendiants assis à même le sol sont attentifs au moindre mouvement laissant soupçonner un don providentiel. Aux abords du mur d'enceinte, des ateliers de mécaniciens et autres menuisiers proposent leurs services. Une mosquée érigée par Abdel Kader Bourgi, un richissime homme d'affaires libanais décédé, accueille le visiteur. Dans un bureau à l'entrée, un régisseur s'occupe des formalités administratives. Il faut absolument y passer pour pouvoir retrouver la trace des tombes qui ne sont pas régulièrement entretenues. Le régisseur trouve la requête légitime. Il consulte plusieurs registres et hèle un homme qui visiblement connaît parfaitement les lieux. Le cimetière a été ouvert en 1974 et il est divisé en cinquante-sept sections. Des tombes de personnalités cohabitent avec celles des anonymes reproduisant jusque dans la mort les inégalités des vivants.

Non loin de l'entrée, des maçons et des fossoyeurs, assis aux abords de quelques tombes, devisent à voix basse.

La fillette est impressionnée par le nombre de tombes alignées et la densité de l'énorme silence que traversent par moments les cris des cormorans au plumage sombre et des sternes royales, les prières chuchotées et les murmures du vent dans la rare végétation. La fillette a souvent été confrontée à la mort de ses vieux patients. Elle lui est toujours apparue comme un long sommeil, traits apaisés, yeux fermés sur cette terre, mais ouverts sur un autre monde bien plus vaste.

La petite fille ressent violemment la souffrance des personnes qui ont subi une perte. Alors la paix des lieux lui paraît bien artificielle. Elle pense au jugement dernier, à l'interrogatoire stressant des anges de la mort, aux festins des morts auxquels, selon la tradition n'étaient invités que ceux qui recevaient les prières de leurs proches.

La tombe de la maman est retrouvée comme par miracle au détour d'une allée. Elle se demande comment a fait l'homme pour la distinguer des autres tombes à moitié abandonnées, aux plaques à moitié effacées.

La petite fille se sent coupable d'avoir abandonné sa maman. Qui avait prié pour elle toutes ces années ? Comme elle a dû se sentir seule au moment où les autres défunts recevaient leurs rations de prières. Un vieil homme vêtu de blanc à l'allure respectable s'est approché d'elles et a proposé de prier pour la défunte. Arame l'a laissé faire en pensant bien agir. Quand l'homme eut terminé ses prières, il leur demanda des pièces. La fillette est horriblement déçue. Comment peut-on vivre ainsi sur le dos des morts et des vivants ?

Le temps est comme suspendu. Combien d'heures ont-elles passées devant cet amas de sable ? Elles l'ignorent et Arame a respecté le besoin de recueillement de la petite fille qui s'est d'abord accroupie devant la tombe puis s'est allongée de tout son corps comme appelée par une voix inaudible. Le ciel est blanc et le soleil féroce. La végétation est rare et les pierres brûlantes. On peut entendre les seuls bruits autorisés dans ce cercle paisible, le bourdonnement des insectes et les chuchotements des orants. La densité du silence a fini par engloutir toutes les rumeurs des activités humaines. L'apparence paisible des lieux semble insupportable à la fillette qui pense à la souffrance de tous ceux qui ont été touchés par la perte de ces morts allongés dans les entrailles de la terre. Elle a subitement l'envie saugrenue de creuser le sol de ses mains pour voir une fois le visage de sa maman. Elle l'imagine dormant, les traits reposés, comme ceux de ses vieux patients qui paraissent plongés dans un profond sommeil quand vient la fin.

Puis elle se raisonne et se contente de formuler

toutes les prières dont elle se souvient. Le soleil est haut et l'air résonne d'une vibration palpable. L'ordre de pierres, de sable et de poussière qui règne en ces lieux font apparaitre le ciel et le soleil comme les seules variations possibles dans ce temple d'éternité. Le cimetière devenait la transition entre la terre et l'infinité de l'espace.

La fillette sent la présence invisible de ce peuple de l'ombre. Il lui semble entendre leurs conversations et vibrer leurs éclats de rire. Peut-être des familles sont-elles réunies pour l'éternité. Cette idée lui paraît presque enviable. Trouver la paix éternelle ! Quitter ce monde de souffrances ! La fillette perd peu à peu ses repères et se trouve plongée dans un gouffre d'idées sombres. Elle en viendrait presque à envier la tranquillité des défunts. Ses membres s'affaissent un peu plus comme pour se fondre dans la terre. C'est le moment que choisit Arame pour la relever comme une maman pleine de sollicitude pour son enfant.

— Partons. Le cimetière ferme à dix-neuf heures. Nous rentrerons par la plage. Tu verras, ça va te détendre.

Les derniers cortèges funéraires se hâtent de sortir des lieux comme pour éviter d'être happés par l'appel des morts qui ne veulent pas être quittés. Leurs pas rapides contrastent violemment avec la lente solennité de leurs arrivées.

La fillette, elle, a du mal à partir. Elle promet à sa

maman de lui envoyer chaque jour ses prières pour qu'elle n'ait plus ni faim ni soif et qu'elle puisse tenir son rang parmi les défunts.

Arame l'entraîne avec une douceur infinie qui l'étonne tout d'abord puis l'émeut. Entre les deux cousines, les résistances semblent s'évaporer comme le jour qui s'éloigne en laissant derrière lui des lambeaux de son lustre récent. L'air vibre des mots retenus qui ne demandent qu'à s'épancher. Arame a vécu plusieurs vies, mais elle n'a pas d'amie à qui se confier. C'est plus par devoir que par affection qu'elle a accepté de recevoir sa cousine. Mais quelque chose l'a bouleversée dans l'entêtement que met la fillette à ne pas exister. Sa maigreur, son mutisme, son insondable tristesse trouvent en elle un écho qu'elle a tout d'abord refusé d'entendre. Puis la vieille Saran avait, contre toute attente tissé un lien invisible d'émotion contenue et de similarité entre elles. Sa mémoire frémit. Il suffirait de si peu pour que la porte vermoulue de ses souvenirs cède !

Les voilà arrivées à la plage au moment où l'horizon se pâme d'or en dévoilant ses mille et un voiles de danseuse orientale. Le ciel rutile sous cette fabuleuse lumière mouillée d'hivernage. Le sable fin de la plage de Yoff est frais et accueillant. Les filles marchent sans se presser. Pendant que les ombres du jour disparaissent, avalées par l'obscurité de la nuit, des milliers de points lumineux naissent dans le ciel et engagent une conversation qui les fait sourire par intermittences.

La faible luminosité de la plage encourage les confidences. Quelques amoureux osent se tenir la main et se faire des baisers. Des sportifs profitent de la fraîcheur du soir. Les filles font de petits pas de souris en imitant les crabes translucides. Soudain, la petite fille se met à courir et à virevolter, ivre du vent marin qui vient lui fouetter le visage. Alors, les mots d'Arame refluent dans sa gorge comme les vagues qui se retirent au loin. Toutes sortes de détritus jonchent le sable après le passage de la vague. Poissons morts surpris par le brusque départ des eaux, boîtes de conserve tranchantes abandonnées, bouts de bois pointus. Des milliers d'oiseaux tournoient et accordent leurs bavardages au bruit somptueux de la mer, tout en éclats limpides et en grondements sourds. La fillette est fascinée par ce concert au rythme de la nature.

Au loin, quelques pirogues rejoignent la grève sous la lueur laiteuse de la lune dont c'est le tour de faire la belle. Elle est plus délicate et plus profonde. Plus féminine.

La fillette fait la course avec les vagues. Elle se laisse rattraper en riant puis se laisse tomber toute mouillée à côté d'Arame dont les yeux reflètent joliment les étoiles. La tendresse fine comme une dentelle précieuse se tisse sans bruit entre les deux cousines. Un silence tranquille les enveloppe avec bonté. Puis elles se relèvent et poursuivent leur marche en riant. La mer les appelle. Elles écrasent la mousse blanchâtre que laisse le retrait des vagues. Elles comptent les trous laissés par la faune marine. Elles ont le visage et les membres tous salés. Des enfants jouent encore au foot et des chiens se cherchent noise puis se poursuivent en se jetant quelques coups de croc. La fillette déteste ces aboiements qui se rapprochent. Elle presse sa cousine.

Il est tard lorsqu'elles franchissent enfin le seuil de la maison. Pendant qu'Arame file dans la cuisine, la petite fille, elle, se glisse dans sa chambre et se demande depuis quand elle ne s'est pas sentie aussi apaisée. Elle se promet de revenir sur cette plage, dans cet espace hors du temps et de la ville où elle a découvert la beauté du monde dans l'or du soir.

Elle se souvient qu'elle a emporté son petit cahier d'écolière, ainsi que l'appellent ses filles. Elle décide de se confier à lui pour ne pas oublier.

Impressions...

« Dès le premier soir, j'ai retrouvé maman. Et toutes les nuits, elle m'a rendu visite. Je me suis blottie dans ses bras comme au premier jour de ma naissance. J'ai enfoui ma tête dans sa poitrine et senti son odeur délicate. Comment trouver les mots de ce qui ne peut être dit ? Je sais désormais qu'entre la vie et la mort, l'obstacle est moins épais qu'une feuille de papier.

Maman m'apprend à voir la lumière sans être éblouie. Mon pays est celui du soleil et de la lumière sous toutes ses formes. Quand, à son zénith, il éclate en longs jets de feu, rien ne peut lui résister. Hommes et bêtes se cachent dans l'ombre des maisons ou dans celle des arbres. Seules les fleurs éclatantes des bougainvilliers se trémoussent sous son regard complice. Elles exultent littéralement de bonheur ici.

Je suis allée rendre visite à Maman en compagnie d'Arame. Je me suis longuement couchée sur sa tombe et j'ai pleuré son absence. J'ai même un peu dormi. À mon réveil, le soleil déclinait et j'ai vu les fastes du couchant décrits par mon poète favori.

C'est l'hivernage et le ciel est souvent couvert. Le temps est lourd, orageux. À travers les gros flocons noirs des nuages, les rayons obliques de l'astre empourprent la mer et embrasent le ciel. Le spectacle est grandiose. Le jour disparaît sans crier gare et la nuit surgit avec son cortège de silences bavards. Un satin noir incrusté de diamants se déploie à perte de vue. Jamais dans le ciel parisien, je n'ai vu autant d'étoiles.

Puis nous sommes rentrées, impatientes. J'ai dîné comme une flèche pour faire plaisir à Arame puis j'ai filé dans ma chambre. J'avais hâte de retrouver Maman. J'avais un paquet de questions à lui poser.

À peine ai-je posé la tête sur l'oreiller que ma chambre s'est illuminée par l'apparition de Maman. Elle a compris mes questions avant que je ne les pose. La colère qui me tenait lieu d'amie intime avait quelque peu été émoussée par mes sensations du premier jour. Depuis mon arrivée, je n'ai cessé de repousser le moment de penser à la maison de mon enfance. Le moindre souvenir me donne envie de gifler, de griffer ou de mordre. Je suis habitée par une violence qui se mue par moments en honte ou en désespoir. Pourquoi moi ? Suis-je née pour la solitude et le désespoir ? Maman a essuyé mes larmes dans son giron puis elle a mis ses mains sur mon cœur et m'a dit : « Tu as le cœur pur. Apprends à l'écouter. »

Le lendemain, j'ai fait de surprenantes rencontres. Inoubliables. Arame faisait brûler de l'encens et l'odeur exquise m'a chatouillé les narines et réveillée dans la douceur. Elle m'a proposé d'aller rendre visite à la Grande Maison, comme elle l'appelait. Sa mère commençait à se poser des questions et les gens murmuraient. Son mari a rajouté que la décence l'imposait. J'ai décidé que ce n'était pas le moment et que j'irais quand je serais prête.

J'avais envie de voir du monde. J'ai accompagné ma cousine au marché, mais je lui ai demandé de faire comme si je n'étais pas là et de faire ses courses habituelles sans se soucier de moi. J'aimais me perdre puis me retrouver et j'adorais le premier regard que l'on posait sur les choses.

J'ai manqué me faire renverser par un cheval fou et sa charrette en sortant de la maison. Je me suis demandé ce que le conducteur surexcité poursuivait avec tant de violence. Le quartier de Grand Yoff est très populeux et très poussiéreux. Les gens n'avaient pas l'air plus surpris que ça. Ils en rigolaient plutôt.

Quand je me suis retrouvée dans la rue, passé le premier choc, je me suis mue dans cet univers avec l'aisance d'une habituée. Rien ici n'est comparable avec mes marchés parisiens où j'adore acheter mes fruits et mes légumes.

Le corps est touché et malmené par des gens qui vous bousculent sans méchanceté.

La rue grouillait de femmes, d'hommes, d'enfants, de charrettes surchargées de parfums d'épices lourds

71

et piquants, de puanteur de légumes pourris qui rendaient le sol gluant et périlleux. L'odeur suave des mangues mûres formait avec l'arôme marin des poissons frais un audacieux assemblage.

La rue grouillait du vacarme des marchandages, des brûlures du soleil, tout-puissant maître, des nuées de mouches gavées de viande offerte sur des étals de fortune.

La rue grouillait d'enfants pouilleux et souriants, nus et morveux qui se balançaient sur le dos de leurs mamans.

La rue grouillait d'une explosion de mille couleurs éclatantes de légumes, de fruits, de poissons et de la sueur des travailleurs. Ce fut vertigineux. Une vie criarde et fraîche qui ne vous laissait aucun répit.

J'ai senti mon cœur battre au rythme de cette terre. Je n'étais pas différente de ces hommes et femmes que je voyais se déployer autour de moi dans un ballet de couleurs et de mouvements qui m'enivraient.

J'ai commis une belle imprudence. Ma cousine m'avait mise en garde. Pas d'eau en sachet. Ne bois que de l'eau en bouteille.

Mais j'avais tellement soif et le sachet embué de fraîcheur si tentant. En moins d'une heure, les milliards de bactéries contenues dans l'eau soi-disant filtrée se sont déployés dans mon corps et m'ont fait rendre mes boyaux, me laissant exsangue.

Le ventre en feu, je suis rentrée dans une cour

ouverte. Une femme cuisinait dans un coin. Elle m'a ouvert la porte de sa chambre et de ses toilettes. Je fus soulagée dans l'heure par des comprimés que mes filles avaient glissés dans mon sac.

Après quelque repos bienvenu, je sortis dans la cour, émue par la sollicitude gratuite de la femme. Elle paraissait presque étonnée que je la remercie.

Je jetai un regard circulaire dans cet immense espace.

Pendant que deux femmes s'affairaient dans ce qui ressemblait à une cuisine en plein air, un vieil homme barbu enseignait le Coran à une bonne vingtaine de jeunes de tous âges qui écrivaient leur leçon du jour sur des tablettes en bois et la répétaient sous l'œil vigilant du maître. Les enfants étaient concentrés sur leur ouvrage et le vieil homme adossé au tronc d'un énorme manguier traquait la moindre faute de graphie ou de prononciation tout en psalmodiant des sourates.

Les plus petits apprenants sont régulièrement rappelés à l'ordre quand l'appel du jeu se fait trop pressant.

Le maître me sourit avec bienveillance sans interrompre son travail.

Devant un autre bâtiment ouvrant sur la cour deux jeunes gens sirotaient un thé en lisant ce qui me semblait être des cours. Peut-être étaient-ils étudiants. Ils m'ont proposé un verre brûlant, qu'oublieuse j'ai bu lentement. Curieusement, cela m'a fait du bien et je suis restée là le reste de la matinée à regarder cette scène et à essayer de l'imprimer au fond de moi.

J'étais un peu gênée de mon intrusion dans cet espace privé, mais ces gens m'ont accueillie comme l'une des leurs et je me suis sentie chez moi. Lorsque le repas fut prêt, ils m'ont proposé de partager un bol unique et peu garni. J'ai pris la cuillère qui m'était tendue et pour la première fois depuis longtemps, j'ai pris plaisir à manger. Une femme, qui mangeait avec les doigts, déposait les morceaux de poisson les plus charnus devant moi. Une telle générosité malgré le dénuement dissout mes barrières et éclaire mes pensées. Je m'abandonne à cette sublime bonté.

Plus tard, un bambin somnolent vint terminer sa sieste dans mes bras. Je n'arrivais pas à quitter cette maison où tout était si harmonieux.

Simon

L'un des jeunes étudiants n'avait cessé de m'observer. Je savais que ce n'était pas le soleil qui me brûlait, mais le fluide incandescent de son regard dans mon dos. Je frissonnais et n'osais ni lever les yeux ni me retourner. Une sensation inconnue. Le regard du jeune étudiant était doté d'une force magnétique très troublante. Je restai pétrifiée dans une position que je jugeais intérieurement ridicule. Pour me donner un semblant de contenance, je me secouai un peu vivement et me mis à bercer l'enfant profondément endormi sur ma poitrine en marchant. La mère du bébé trouvait mes gestes naturels. J'ai senti qu'elle me faisait confiance. Les yeux du jeune homme comme de sombres étoiles projetaient un éclat mystérieux sur ma silhouette qui bougeait. Je me fis mentalement une image de ce grand jeune homme d'un noir profond aux dents éclatantes comme des perles. Je ne pus me retenir de sourire. Je devinais son front qui se plissait, ses lèvres qui s'entrouvraient, son visage qui s'éclairait. J'eus un mouvement de pure coquetterie qui m'étonna profondément. Je fuyais plutôt les regards masculins que ne les encourageais. Que m'arrivait-il donc ?

Au moment où un peu gênée par cette intensité subite qui m'enveloppait, j'allais déposer le bébé dans les bras de sa mère pour prendre congé, une voix d'ange s'éleva en chantant un cantique que je reconnus pour l'avoir déjà entendu chanter par une de mes collègues chrétienne pratiquante. Je me retournai interloquée d'entendre un cantique dans un tel endroit.

La voix céleste venait de l'étudiant. Son chant emplissait l'espace et le transfigurait. J'avais l'impression de rêver. Le tronc du manguier me paraissait tout d'un coup énorme et le jeune homme adossé semblait flotter. Je mis cette impression sur le compte d'une légère hallucination due à ma récente mésaventure.

Le jeune homme avait le buste légèrement penché et ses longues mains se croisaient et se décroisaient, capturant mon regard pris comme dans un filet.

J'aspirais de tout mon être cette minute qu'il me semblait avoir arrachée à l'éternité et la gravais en moi avant que la voix ne s'arrête de chanter pour se présenter :

— Je m'appelle Simon. Je suis étudiant en Sciences économiques à l'Université Cheikh Anta Diop de Dakar.

Nos yeux s'étaient enfin décrochés et nos langues pouvaient se délier. Simon était originaire du Sine Saloum et partageait la chambre de son cousin dans ce quartier éloigné de son université. Il n'allait pas en cours ces derniers jours suite à des manifestations de colère des étudiants frustrés de ne pas avoir reçu leurs maigres bourses depuis trois mois. Auparavant, c'étaient les professeurs qui faisaient grève pour réclamer de meilleures conditions de travail. Les alentours de l'université étaient devenus dangereux, car la colère des jeunes ravageait tout sur son passage et la riposte des forces de l'ordre était souvent disproportionnée. On n'était pas à l'abri d'un projectile. « Ainsi va la vie d'un étudiant dans ce pays », soupirait Simon. Il faut se battre sans jamais être sûr que le mérite soit une garantie de réussite.

Je l'écoutais avec attention. Je sentais bien que notre rencontre à ce moment-là n'était pas fortuite et que nos présences dans cette cour avaient certainement un sens. Simon m'offrait un sourire angélique et un regard chargé de promesses. J'étais frappée par la candeur et la franchise qui se dégageaient du jeune homme. Il avait le teint sombre et lumineux, une douceur dans l'attitude qui tranchait avec tout ce que j'avais connu auparavant.

Nous sommes restés là à discuter de sa région, de sa famille, de ses études, de sa foi. Simon était profondément chrétien. Il avait même été enfant de chœur plus jeune. Il me parla de son église et de sa tentation jadis de rentrer dans les ordres. Un de ses frères s'étant déjà engagé dans cette voie, il y avait renoncé, mais avait gardé une étroite proximité avec sa religion. Il était dans une sorte d'exaltation quand il clamait son amour pour Dieu.

– Nous, hommes, sommes les émanations de l'amour divin, souffla-t-il. C'est pour cela que nous devons aimer notre prochain, car en l'aimant, nous aimons Dieu.

Pareil discours m'était complètement étranger, surtout venant d'une personne aussi jeune. Simon me vanta les mérites de la prière qui, selon lui, était la clef de la réussite. J'étais un peu sceptique à vrai dire, car je n'avais encore reçu aucune culture religieuse véritable et le peu que j'en savais me venait de ma propre curiosité et de mon intime conviction de la présence de Dieu. Prier ne figurait vraiment pas dans mes préoccupations prioritaires. Simon me dit avec une ferveur non feinte que tous les actes de sa vie étaient prière. Que ce soit pour éloigner Satan, pour requérir des solutions, ou pour rendre grâce à Dieu, prier était un réflexe quotidien pour Simon dont la mission, disait-il, était de proclamer la prééminence de Dieu sur la terre.

– Plus la vie est difficile, plus ferme doit être la foi, car c'est dans l'hostilité du désert que Dieu parle aux hommes. C'est dans la tentation du désespoir, dans l'errance et le découragement que surgit la terre promise. La vie, poursuivit-il est un temps d'épreuves.

Je rigolais de ses certitudes que sa jeunesse rendait peu crédibles.

J'ai complètement perdu la notion du temps. Je

n'ai pas éprouvé le besoin de me confier, car le plaisir de l'écouter me comblait. Simon avait une étrange maturité. Ce n'est qu'au moment où je dus m'en aller que je remarquai à quel point ses traits étaient juvéniles. Je déclinais son offre de me raccompagner, par politesse. Il n'insista pas, mais me confia, dit-il, à Saint Michel l'Archange, patron des voyageurs et me laissa partir non sans m'avoir fait don d'une prière que je glissais prestement dans mon sac. C'était la prière de Saint François d'Assise dont la lecture me fit plus tard méditer longtemps.

Je suis partie sans me retourner, enrichie d'un supplément d'âme, en remerciant Dieu du cadeau qu'Il venait de me faire, car j'étais persuadée que c'était bien l'œuvre de Dieu.

J'avais remarqué que la maison d'Arame était au carrefour insolite d'une mosquée, d'une église, du marché et d'une boîte de nuit. Je n'eus donc aucun mal à y retourner.

J'ai traversé les vapeurs toxiques qui émanaient des voitures sans âge bloquées dans des embouteillages monstrueux. J'ai eu une pensée pour ces gens condamnés par la misère à respirer tous les jours ces gaz putrides. Je me suis demandé ce que faisait l'état pour ces quartiers déshérités, peuplés sans doute par les jeunes potentiellement victimes des embarcations de fortune qui se fracassaient régulièrement sur les rivages de l'Europe où on refusait de les voir comme des humains. J'avais vu des reportages à la télévision qui m'arrachaient le cœur à chaque fois que j'entendais certains leur reprocher de choisir l'errance comme si l'errance pouvait être un choix ! Comment choisir entre mourir et mourir ? Quel désespoir devait étreindre ces jeunes pour braver ainsi l'océan ? Quel désespoir devait étouffer les mères pour laisser leur progéniture partir pour une aventure si risquée ? Et ces bien-pensants repus qui les condamnaient du fond de leurs fauteuils moelleux !

C'est abîmée dans ce flot de sombres pensées que je suis arrivée à la maison par je ne sais quel miracle. Une vibration régulière comme un pouls me parvint au loin. Du *dancing* voisin s'échappaient des notes de musique cubaine et les bavardages bruyants des clients encore lucides.

Arame ne m'a pas posé trop de questions. De toute façon, j'étais épuisée et je voulais me réfugier dans les bras de Maman pour tout lui raconter. Le bruit devenait assourdissant dehors. Maman est alors apparue, lumineuse et souriante. Je lui ai raconté les péripéties de ma journée. Telle une adolescente de quinze ans, j'ai juste omis la rencontre de Simon. Ce sont des choses que l'on ne partage pas avec une maman.

Maman m'a patiemment écouté et je lui tire mon chapeau, car j'étais vraiment bavarde. Elle m'a dit qu'en se souciant de mon bien-être, mes hôtes de la matinée avaient agi selon l'ordre naturel des choses et que leur bonté était sûrement contagieuse puisque mon regard avait changé. Maman trouvait que je me débrouillais bien et que je progressais vite. Elle m'a dit qu'il fallait cesser de fuir, que je n'avais pas de raison d'avoir si peur et qu'il était temps que j'affronte la réalité. Elle m'a ensuite appris à me purifier par l'ablution qui, selon elle, dissolvait toutes mes pollutions physiques et mentales. Ensuite elle m'a réappris à prier. La prière, dit-elle, est le plus solide rempart contre la peur, car elle rend invulnérable. J'ironisais mentalement et mon corps se rebellait, mais j'étais certaine que Maman avait ses raisons de penser ainsi.

Cette nuit-là, Maman m'a emmenée au bord de la mer et elle m'a longuement baignée dans l'eau fraîche salée. J'étais fourbue. Elle m'a longuement enveloppée de tendresse comme dans des langes parfumés et j'ai dormi profondément jusqu'au petit matin. L'appel du muezzin faisait légèrement vibrer l'air de ma chambre. Je me suis levée sans peine, j'ai fait mes ablutions et j'ai prié comme si c'était la première fois depuis longtemps. J'ai ressenti une pacification de tout mon être comme si chacune des cellules de mon corps avait un message particulier à me transmettre. Je prenais conscience de l'importance de mon voyage. Je me devais, à moi-même tout d'abord, à mes enfants ensuite et à tous ceux qui m'entouraient, de me débarrasser de cette peur intime qui ankylosait ma vie. J'ai eu une pensée pour mon mari et je me suis interrogée sur sa déchéance progressive.

Je culpabilisais à l'idée de ne pas y être totalement étrangère. J'avais passé une bonne partie de ma vie à rendre les autres responsables de mes échecs. Et si j'avais aussi une part de responsabilité dans tout ça ? Il me fallait être moins laxiste et plus honnête envers moi-même pour assumer ma partie.

Ma cousine et son mari m'attendaient pour le petit-déjeuner.

Une certaine appréhension me crispait. Je n'avais pas été très disponible depuis mon arrivée et je craignais les reproches. J'encaissai sans broncher. J'étais si loin. Comme une vague menaçante, les souvenirs s'infiltraient dans mes articulations et me raidissaient inexorablement. « Nous sommes deux fillettes d'âge équivalent et nous jouons à cache-cache dans la grande cour arborée. Ma cousine tombe à plat ventre sur une souche malicieusement traîtresse. J'éclate de rire malgré ses pleurs, sa robe déchirée, ses genoux en lambeaux. Je suis soulevée par l'oreille puis jetée violemment à terre. Des larmes involontaires de douleur obscurcissent mes yeux. La voix défigurée par la colère de ma tante m'intime l'ordre de ravaler mes pleurs et de disparaître. »

Une déroutante tempête me malmenait et menaçait de m'engloutir.

Le mari resté silencieux me proposa une tartine beurrée et rabroua sa femme. Je crois qu'il avait deviné mes émotions et mes larmes. La cousine abdiqua un peu rapidement à mon goût. J'ai vite compris qu'elle brûlait d'envie de me rappeler le Ganalé qui se préparait. Il restait une montagne de détails à régler même si l'essentiel des articles les plus coûteux avait déjà été acheté. Les tissus à Dubaï et à Bamako ; les parfums à Paris et à Dubaï devenu une destination très prisée des Sénégalaises depuis quelque temps ; l'or en Inde et en Thaïlande. Il restait à se doter de bâtonnets d'encens fabriqués en Chine, de flacons d'eau bénite de ZamZam[3] importés de La Mecque, de chapelets, de bonnets, d'écharpes, d'encensoirs et de colifichets divers à connotation religieuse que l'on trouvait à foison au marché HLM. Il fallait aussi choisir des emballages de qualité ainsi que des étiquettes afin que chaque lot soit correctement attribué. Deux bœufs, une dizaine de moutons et une centaine de poulets étaient prévus au menu des ripailles. Les femmes du *Dahira*[4] de la tante s'occuperaient des boissons, des fruits et surtout des tenues du même tissu que toutes devaient porter.

La liste vertigineuse des courses achève de me décourager, mais réussit à dissoudre l'épaisse tension qui me raidit depuis le matin. Je suis comme sonnée.

---

3. **ZamZam** : **ZamZam** est une source miraculeuse pour l'Islam, à La Mecque, en Arabie saoudite, qui, selon la tradition musulmane, aurait surgi, sur la volonté de Dieu, dans le désert pour sauver Agar et son fils Ismaël. Cette source est le puits du sanctuaire de la Kaaba.

4. *Dahira* : Association religieuse.

Ma cousine en profite pour me soutirer la promesse de l'accompagner. Elle me prêta un ensemble bien trop large pour mes formes rachitiques, mais au point où j'en étais, le ridicule ne m'effrayait plus. Je participais aussi à l'événement à hauteur de quelques centaines d'euros, c'est-à-dire presque toutes les économies amassées depuis des mois. De toute façon, il ne me restait que deux jours à passer à Dakar. La fête avait lieu le jour de mon départ. Dos au mur, je ne pouvais reculer davantage. J'accompagnais donc Arame pour les dernières courses. Brusquement, elle me tend le téléphone au bout duquel hurle furieusement la voix de ma tante. Dans le magma de paroles noires qui me brûlent les tympans, je relève qu'elle me reproche de manquer de respect à la famille et que j'aurais dû crever en France si c'était pour me calfeutrer que j'étais venue. Je suis figée. Arame me reprend le téléphone des mains et me secoue. La violence de ma tante appelle la mienne. Une déferlante qui liquéfie mon angoisse. J'ai des envies de meurtre. Comme si cela pouvait anesthésier ma douleur ! Un bouton rouge clignote dans mon cerveau et hurle « alerte danger ! ». Je me disloque en éclats tranchants qui menacent de tomber au fond du gouffre et de déchiqueter tout ce qui se trouverait sur son chemin. Dans mon désarroi, je sens presque brutalement une main invisible me caresser les tempes. Une voix chaude me chuchote l'apaisement. Je reviens progressivement à moi. C'est décidé. Je n'irai voir ma tante que le jour de son Ganalé. Je ne pense pas pouvoir survivre un jour de plus à cette rencontre redoutable. Maintenant que je retrouvais l'envie de me réveiller, de marcher, de humer l'air, de me gorger de soleil et même de m'acheter une tenue plus à ma taille, je ne pouvais en rester là. Il fallait oser poursuivre le chemin même s'il était terrifiant. Il fallait recoller les fragments dont j'avais perdu la signification même si des attaques régulières de panique me réduisaient en miettes. Je me promis de me faire belle pour la fête. Je ne savais pas ce que j'y trouverais, mais une chose était sûre, j'avais conscience d'être une rescapée au milieu du gué.

Extase

La journée était orageuse. Le ciel bas et noir semblait emprisonner la terre dans des espaces cloisonnés. Une étrange lumière grise filtrait péniblement, maintenant les gens dans l'attente de la pluie salvatrice. On avait du mal à se mouvoir dans l'atmosphère torride et lourde entretenue par des nuages drus et gonflés qui menaçaient de crever à chaque instant. Nous fîmes nos courses dans ce climat lourd de menaces.

Nous étions un vendredi et la ville se dirigeait vers la prière commune. Comme tout le monde, Arame et moi avons décidé de sacrifier au rituel avant de poursuivre nos activités. Nous nous sommes arrêtées dans une mosquée non loin du marché et nous nous sommes dirigées vers l'espace réservé aux femmes. Ablutions faites, nous avons trouvé des places sans difficulté. Quelques vieilles dames vêtues de blanc étaient pieusement alignées dans la première rangée. Les femmes les plus jeunes formaient un parterre de voiles colorés éparpillés dans l'espace. La mosquée était bien entretenue et fleurait bon l'encens de bonne qualité. Je me suis sentie apaisée par cette fumée purifiante, en harmonie avec ces lieux qui élèveraient ma prière vers le Ciel. L'atmosphère me transportait vers l'infini, l'immortel. Mes sens étaient ouverts, capables de prendre et de comprendre ce pour quoi nous étions là.

Nous nous sommes approchées, couvertes de voiles légers comme toutes les femmes présentes. Nous avons salué la mosquée par deux prosternations puis nous avons écouté le sermon de l'imam. Je ne sais par quel miracle, j'avais conservé ma compréhension du wolof et je n'eus aucun mal à saisir le sens du discours. J'ai apprécié les paroles tout en retenue qui traitaient de la question des femmes et de leur place dans la société sénégalaise.

La question m'intéressait au plus haut point, car les rares titres de journaux que j'avais observés depuis mon arrivée me renvoyaient sans cesse à la condition des femmes dans le pays. Les viols et meurtres de femmes étaient légion et mes questions à Arame sur le sujet avaient suscité chez elle de vives réactions de repli. J'étais tout ouïe.

« Lorsqu'Allah a envoyé son prophète Mohammed, paix et salut sur lui, commença l'imam, les gens vivaient dans l'ignorance, dans l'aveuglement et la perdition. Il lui a alors révélé un livre clair pour guider son peuple des ténèbres vers la lumière du droit chemin.

Les ténèbres dont l'Islam nous invite à nous

extraire sont celles du polythéisme, de l'ignorance et de l'injustice. Et la lumière vers laquelle l'Islam nous invite est la lumière de la foi, de l'unicité d'Allah, de la connaissance et de la justice.

L'Islam est donc la religion de la justice par excellence. Une religion qui combat et rejette l'injustice sous toutes ses formes. Dans les sociétés anciennes, la femme était achetée, vendue, considérée comme du bétail, un bien dont on pouvait hériter. On débattait à son sujet : a-t-elle une âme ou pas ? Si oui, est-elle une âme humaine ou animale ? N'était-elle pas considérée comme la source du mal et de la tentation sur terre, la responsable de la faute originelle qui a provoqué la sortie d'Adam du Paradis.

La place de la femme a trop souvent été sous-estimée, ses droits bafoués et son humanité niée. Alors l'Islam est venu pour lever l'injustice. Pour déterminer et accorder à chacun les droits et les devoirs qui lui reviennent. Le Coran nous indique que l'homme a besoin de la femme tout comme la femme a besoin de l'homme, et que la relation qui les lie est une relation de complémentarité !

Car le seul outil de mesure quant à la valeur d'un homme auprès d'Allah, c'est la piété !

L'islam ne considère ni la couleur de peau, ni l'origine, ni le sexe, ni l'ascendance, ni la richesse. Allah nous rappelle qu'il nous a tous créés d'un homme et d'une femme et qu'il a fait de nous des peuples et des tribus pour que nous nous entre-connaissions, et que le meilleur auprès d'Allah est le plus pieux! C'est pour cela que dans le Coran, les femmes à l'exemple d'Assiya, de Mariam, de la reine Balqis ou encore de la femme d'Imran, que la paix soit sur elles, sont si importantes.

Une seule d'entre elles a plus de valeur auprès de Lui que des millions d'hommes. Le prophète lui-même n'a-t-il pas résumé la question à une phrase : "le meilleur d'entre vous est le meilleur à l'égard des femmes!"

L'Islam considère cependant les prédispositions naturelles des deux sexes dans la répartition des droits et des devoirs.

Allah nous donne un bel exemple en la matière pour méditer : l'exemple du jour et de la nuit.

Dans la sourate *Al Layl*, Allah met en parallèle la relation de la nuit et du jour avec celle de l'homme et de la femme. Le jour et la nuit sont complémentaires bien que la nature de leurs fonctions diverge. Le jour complète la nuit et la nuit complète le jour. Sans la nuit, les gens auraient du mal à se reposer, et à trouver l'énergie nécessaire à leurs activités. Et sans le jour les gens auraient bien du mal à s'activer. Et c'est ainsi qu'Allah a créé l'homme et la femme, différents dans leurs sensibilités, différents au niveau physique et émotionnel, mais complémentaires ! Alors, s'il est vrai que l'injustice envers la femme, dans le passé, s'est souvent manifestée par la négation de son humanité, l'injustice perdure aujourd'hui même si sa forme peut changer ! Car la non-prise en compte des particularités et des singularités des deux sexes, mène inévitablement à l'injustice et à la privation des droits. Et la femme en est encore une fois la première victime. Car la femme en Islam, dans sa jeunesse, a le droit à une bonne éducation et à la miséricorde de ses parents. Lorsqu'elle grandit, son droit est d'être protégée, d'être défendue. Lorsqu'elle se marie, son droit est d'être honorée. Lorsqu'elle est âgée, c'est d'être traitée avec déférence et tendresse. Et le strict minimum qui est dû à une femme qui nous est étrangère, c'est qu'elle soit à l'abri de nos nuisances, qu'elle ne soit pas importunée !

À chaque étape de sa vie, la femme bénéficie donc de droits et pas que de devoirs. Le paradis est sous les pieds des mères comme nous l'a dit le Prophète Mohammed, paix et salut sur lui, et les épouses sont les plus en droit de bénéficier du bon comportement de leur mari, de sa douceur, de sa patience, de sa générosité.

La femme, conclut-il, représente la moitié tranquille de la société sur laquelle repose l'équilibre de la famille. Respectez son corps et ne l'utilisez pas à des fins commerciales, car Allah l'a rendu sacré !

Qu'Allah nous accorde une connaissance correcte de notre religion et une pratique juste. Qu'il nous guide vers des paroles bienveillantes, des comportements et des actes justes et qu'il nous écarte des mauvaises pensées ! »

Tout au long du sermon, j'étais demeurée coite, figée dans une écoute religieuse. Lorsqu'à la fin du discours, l'imam se mit à réciter les prières en arabe, ma concentration battit des ailes et je me tournai vers Arame pour partager un regard. Elle avait les yeux baignés de larmes et des hoquets secouaient régulièrement son corps massif. Je mis cette émotion sur le compte de sa grande sensibilité sans totalement m'en satisfaire et je me promis de lui en parler le soir après le dîner.

Puis l'appel fut récité d'une voix si mélodieuse que je me suis sentie happée dans une émotion vertigineuse qui gonfla mon âme d'un amour palpitant et tumultueux.

La voix sublime noyait mes peurs, élargissait mon horizon et m'envolait vers des rivages inconnus.

Chacun des gestes que j'accomplissais était plein de mon esprit et des paroles qui me guidaient.

Debout, je prenais conscience de mon corps et de ses limites, puis je le pliais jusqu'à son effacement progressif et finalement il s'annihilait dans la prosternation finale qui me rapprochait paradoxalement de Dieu.

J'avais perdu tout contact avec mon environnement pour m'abîmer dans une contemplation si intense qu'elle était douloureuse. Je sentis mes larmes inonder mon visage puis mon corps tout entier. Prise dans l'éternité du moment, plus rien n'avait d'importance.

Ma vie me parut insignifiante et futile. Mes certitudes chancelaient puis tombaient en poussière devant la puissance de la relation nouvelle que je nouais avec mon Créateur. L'instabilité des choses du monde cédait devant la majestueuse constance des versets qui défilaient.

La mosquée était devenue un asile réconfortant et je sentais naître en moi une immense générosité qui dépassait mes petites luttes personnelles. J'avais toujours eu le sentiment d'être opaque à l'émotion religieuse et je m'en méfiais plutôt, car je la considérais comme dangereuse à mon équilibre mental. Je la découvrais bienfaisante et libératrice. J'étais remuée et légèrement désorientée, mais je découvrais une profondeur insoupçonnée de mon être. Des milliers de soleils rayonnaient en moi, me débarrassaient de mes souillures et illuminaient mon âme. Le jaillissement de la parole divine dans le silence de la mosquée agissait comme une fraîcheur vivifiante à l'abri de toute pollution. Je déposais mes pensées comme un bagage encombrant pour mieux profiter de l'instant présent et ce qui se passa fut proprement stupéfiant. J'eus l'impression de me soulever de terre et d'être plus légère qu'une plume. Mes sens devenaient aiguisés et je percevais chaque objet qui m'entourait, chaque son que j'entendais comme si j'étais ce son ou cet objet. Les lustres étincelaient comme le cristal de roche le plus pur, les tapis de prière rutilaient, la musique des bavardages féminins ne m'agressait pas. Je renaissais au monde avec une joie que je n'avais jamais ressentie auparavant et mon âme blessée cicatrisait sous la magie de l'instant. J'aurais donné une partie de ma vie pour suspendre le cours du temps et me glisser dans cet interstice ouvert et lumineux où se logeait, j'en étais sûre, une part du mystère divin. Mon corps tremblait de toutes les vies qui l'investissaient et je manquais m'évanouir. Je redescendis en quelque sorte sur terre lorsque je ne réussis pas à endiguer la vague de mes pensées ; quand revivrai-je donc pareille émotion ? La confusion des sens prit immédiatement la place de la clarté et je gémis sourdement de déception. L'atterrissage était rude et je redoutais le retour à la banalité du quotidien.

Mais je ne voulais plus subir les tourments de Sisyphe. Antée ou Prométhée me séduisaient davantage. Je refusais presque à voix haute la résignation à ce que je considérais comme une infirmité.

Mon âme et mon corps avaient entièrement participé à la prière qui se terminait. Je me sentais lavée et purifiée, prête à affronter les montagnes qui se dressaient devant moi. Je me promis de renouveler l'expérience à la mosquée de Paris, espérant sans grande conviction revivre cette étonnante béatitude.

La rue

Ma lévitation prit fin dès la sortie de la mosquée. Un spectacle horrible m'attendait. Des grappes de mendiants déguenillés, un échantillon représentatif de toutes les infirmités de la terre nous attendaient. J'ai tenté d'esquiver leurs regards, car je pensais qu'ils pouvaient ruiner mes nouvelles résolutions. J'ai sorti de mon sac quelques billets que je leur ai timidement tendus en détournant la tête de leurs disgrâces. Quelle erreur ! Arame n'a pas eu le temps de me prévenir. La nuée humaine s'est jetée sur les billets et sur mon corps, les hommes piétinant les femmes, les adultes écrasant les enfants, les bébés hurlant sur le dos des mères, ma robe déchirée au passage… Gueules ouvertes, babines retroussées sur des crocs blancs, souffle haletant, le troupeau déchaîné ne voyait que les billets qui finirent du reste déchirés, dérisoires papillons derrière lesquels ils couraient désormais. Je n'ai dû mon salut qu'à la prompte intervention des hommes qui sortaient du lieu de prières et m'ont littéralement arrachée à la meute qui me dévorait.

Sous le choc, mes larmes coulèrent de dépit. Je me sentais dans la peau d'une Orphée noire maladroite dont les membres déchiquetés étaient dispersés aux quatre coins du monde. J'avais pourtant cru faire une bonne action en distribuant l'aumône à ces gueux malveillants et ingrats. Ils venaient de me renvoyer à ma propre misère de la plus piteuse des façons. J'avais du mal à comprendre qu'ils mordent ainsi la main qui les nourrissait. Une idée toutefois germa au fond de mon cerveau et grandit, entêtante. PAS UN REGARD. Oui, je n'avais pas été fichue de leur accorder le moindre regard. Comment avais-je pu croire une seconde que cette aumône du mépris et du dégoût atteindrait son but alors que je venais de découvrir et d'expérimenter la puissance de l'adéquation des gestes du corps à ceux du cœur et de l'esprit ? En me relevant, je leur demandai mentalement pardon. J'étais mortifiée par l'étroitesse de mon esprit et je pris la ferme résolution d'y remédier. Tout devait commencer par le respect de l'humanité que je leur avais déniée. Je devais me rendre à l'évidence, il me restait beaucoup à apprendre des mystères de l'humain. Sur le chemin du retour, je sentis que l'acuité sensorielle qui m'était tombée dessus dans la mosquée s'estompait très lentement. Il m'en restait toutefois suffisamment pour accrocher les regards des passants. Les yeux possèdent un langage bien plus riche que les mots, car ils disent l'ineffable, brisent les murailles et peuvent embraser les cœurs les plus insensibles. L'attente du mort d'envie retient la puissance du temps.

Une galerie de regards défilait sous mes yeux.

Regards vides et creux des morts de faim, victimes des folies humaines.

Regards fuyants et insolents des taximen prompts à vous griller la politesse sans vergogne.

Regards larmoyants des petits mendiants accrochés au boubou de leur mère, petits êtres errants aux pupilles écarquillées de misère béante et aux sourires noyés dans les désespoirs d'une vie jouée avant d'être vécue.

Regards lascifs de convoitise des marchands ambulants pour qui regarder, c'est acheter.

Regards adhésifs et insistants comme la colle sous les pattes d'un rongeur piégé.

Mais aussi regards de sollicitude et de bienveillance, regards éclats de rire des enfants malicieux de la rue que le mal n'avait pas complètement rongés.

Dans les yeux fixes et exorbités des aveugles détournés des misères criardes, dans ceux pénétrants et interrogatifs des curieux en mal d'objet, j'ai déchiffré un peu de l'âme de mon peuple. Je me promis de revenir un jour dans mon pays avec mes filles et de jouer pleinement mon rôle.

Arame

Le dernier soir de mon séjour chez Arame était arrivé. L'air était particulièrement lourd et une étrange électricité donnait de la solennité à tous mes gestes. Je me sentais poreuse à toutes les ondes qui circulaient. J'ai longuement observé Arame. Son corps bouffi me fit de la peine. Je ne l'avais jamais vu sourire. Quelles blessures cachaient ces couches de graisse qui la détruisaient aussi sûrement qu'une maladie incurable ? Mes dernières expériences m'avaient rendue réceptive à la détresse des autres, mais Arame n'était pas encore en mesure de recevoir mon empathie. Le gras qui l'entourait était plus solide que les murs de la prison la plus inviolable. Son âme y était bien enfermée et elle semblait avoir perdu les clefs de sa cellule. Je me sentais complètement désarmée face à son regard. Elle avait compris que la donne changeait pour moi, mais elle crevait de peur à l'idée de rassasier sa propre faim qui lui était si familière. Elle exsudait la peur, Arame et la souffrance aussi. Incapable de satisfaire les ambitions de ses parents, elle s'était vue humiliée par les personnes qu'elle aimait le plus. Toute sa vie, elle avait vainement attendu une marque d'attention ou de considération de ses parents. Alors, elle comblait le vide par la nourriture qui paraissait creuser encore plus son manque plus qu'elle ne le remplissait. Arame marchait fébrilement dans le couloir comme une femme enceinte sur le point d'accoucher. Elle se sentait mal et aucun cachet ne pouvait la soulager. Elle se tenait le ventre, allait et venait le long du couloir sans parvenir à se calmer. J'ai pris une chaise et je suis allée écouter la petite cour et les nombreux êtres qui la peuplaient. Un vent humide d'hivernage caressait les feuilles du manguier qui exhalaient un parfum d'une telle profondeur qu'il me chavira. Un rat énorme passa, provoquant la colère du chat qui ne dormait que d'un œil.

Par je ne sais quel miracle, la vieille Saran s'annonça. Il était tard, mais Arame, fourbue l'avait suppliée de venir la masser avant la dure journée du lendemain. Elle arrivait à point nommé, car Arame était à bout de souffle. Nous nous sommes confortablement installées dans le salon et la séance a commencé par Arame. Elle a fermé les yeux et m'a demandé de m'approcher. La vieille Saran soufflait péniblement et visiblement, cette séance était particulièrement cuisante. Arame saisit brusquement ma main et entama une longue confession. Le moment était venu pour elle de vomir les mots de sa souffrance avalée. La vieille

Saran avait un mal fou à lui déplier les membres. Elle était ramassée sur cette douloureuse tumeur qui avait fini de ronger sa vie comme un ogre inassouvi. Et je comparai ironiquement mes os qui s'entrechoquaient aux mouvements obèses de son ventre et la similarité de nos situations me sauta aux yeux. Nous avions toutes les deux perdu les limites. Les avions-nous seulement eues un jour ? L'une et l'autre, nous avions subi la vie comme un poids mort dont le sens nous échappait et il était temps que cela cesse. J'hésitais à me laisser aller à ce que je sentais arriver, mais je me dis que je serais lâche de m'y soustraire. La main dans celle d'Arame, je me préparais à vivre l'une des plus douloureuses expériences de ma vie. Dès les premières phrases prononcées, un sentiment d'intense aversion et une violente nausée m'avaient saisie. Je luttais de toutes mes forces pour ne pas m'y abandonner. Mon corps fut trempé de sueur et je frissonnai malgré la chaleur.

« Ma descente aux enfers a commencé le jour où tu t'es mariée et que tu as quitté la maison. Non que tu fusses directement la cause de mon malheur, même si, dans ma confusion, je te l'ai reproché, mais ton départ de la maison a précipité ma déchéance.

Très vite, Papa et maman ont commencé à me répéter que j'étais de plus en plus laide et qu'un jour, je finirais par exploser à force de grossir. Tant que tu étais là, c'est toi qui attirais leurs regards. Je pouvais manger tranquillement quand ça n'allait pas. Je n'ai jamais aimé l'école et je ne comprenais pas l'obsession de mes parents à m'y pousser alors qu'eux-mêmes avaient fait si peu d'études. Je trouvais dans la nourriture le moyen de calmer l'angoisse qui m'étreignait lorsqu'on me parlait d'école. Même si les repas à la maison étaient aussi les moments où papa et maman étalaient leurs conflits devant moi. Je redoutais ce moment et je n'avais de cesse qu'il arrive. J'ai grandi ainsi, entre mes deux parents, mastodontes envahissants et empiétant constamment sur ma vie. Les repas étaient mon plaisir et ma souffrance. Puis ils ne m'ont plus suffi et j'ai commencé à me gaver de tout ce qui était comestible. Rien ne me rassasiait. J'étais devenue un tonneau sans fond habitée par un monstre qui se nourrissait de moi et que rien ne pouvait satisfaire. De spectatrice des violences verbales de mes parents, je suis devenue l'objet même de leurs disputes. »

Pendant qu'Arame me décrit son calvaire, je sens mon corps se fondre dans ses mots. Je deviens cette âme noyée dans les couches de graisse mortifère. J'étouffe… À l'aide… Je sens un poison pénétrer dans mes membres et les raidir… J'avale les mots de la souffrance d'Arame et il y a ce monstre vorace en moi qui envahit tout, ce monstre qui saccage mes pensées et mes nuits et ronge le peu de chair que je porte encore. Je suis dans sa chambre peinte en rose violent et criard. Le père et la mère se poursuivent, crient, se frappent.

Je suis Arame. Je me bouche les oreilles pour ne plus les entendre. Puis la mère se penche sur moi et déverse les mots qui tuent. « Ton père est un salaud de la pire espèce. Il m'a détruite. Il me trompe, il me frappe, il m'insulte… » Assez ! Ce n'est pas mon rôle… Je suis leur enfant. Je suis leur otage.

Puis un homme vient remplir la grande absence. Il est laid et gras. Ses gestes sont brutaux, mais sa voix est douce. Il est le premier à s'intéresser à elle. Il l'embarque dans sa voiture et lui donne une poudre blanche. Elle sniffe des rails de coke. Elles sont plusieurs filles, mais les autres paraissent habituées. Son ventre est cisaillé et elle éprouve une violente douleur. L'homme la console. Il est gentil et elle se laisse faire. Cela fait si longtemps que personne ne s'est occupé d'elle. Il lui fixe un rendez-vous quotidien au coin de la rue. Il la présente à ses copains qui lui offrent des bijoux et des chocolats. La mère ne lui demande pas d'où ils proviennent. Elle préfère fermer les yeux sur ce qu'elle appelle joliment ses incartades. Arame est de plus en plus oubliée chez ses parents, donc elle passe de plus en plus de temps avec Ousseynou. Un matin, sa mère la surprend dans la salle de bain. Elle est nauséeuse depuis quelques semaines. Direction, l'hôpital. Verdict, enceinte de deux mois et séropositive. Sa vie est foutue avant d'avoir commencé. Le fœtus ne survit pas et elle fait une fausse couche le lendemain du résultat des tests. Les parents sont dévastés et distants et Ousseynou a disparu. Arame reste seule face à son destin, désertée de tous. Les médecins lui disent qu'elle s'en sortira et qu'elle pourra mener une vie normale, à condition de suivre une cure de désintoxication. Peu de temps après, au hasard d'une visite à l'hôpital, elle rencontre Bara, séropositif, lui aussi. Il ne sait pas depuis quand, ni comment. Mais il veut vivre. Il a quitté son village natal depuis son enfance auprès d'un maître coranique pervers qui s'est nourri de lui et l'a dévoré plus sûrement que l'aurait fait un fauve. Mais il veut vivre. Il ne sait plus comment s'appelle son village et qui sont ses parents. Mais il veut vivre. Il a survécu à tout, Bara. Aux mauvais traitements de son maître, à la jungle nocturne de la ville où l'on devient la proie de prédateurs féroces et où la colle respirée à pleins poumons sert de nourriture. Mais il veut vivre. Alors Arame et lui se soutiennent et un jour, le bout du tunnel arrive. Bara demande sa main quelques mois plus tard. Elle lui est accordée sans tambour ni trompette. Les parents sont bien contents de la voir débarrasser le plancher. Le père ne lui parle presque plus et la mère s'occupe de ses propres affaires, donc ils sont plutôt soulagés de la tournure des choses. Bara et Arame habitent un quartier sordide et veule, mais ils y ont trouvé un certain équilibre. Ils vont récupérer leurs cachets à l'hôpital tous les débuts de mois et grâce à la trithérapie, ils restent en vie. Les parents ne veulent pas trop les recevoir chez eux. Arame les comprend même si elle sait qu'ils ne risqueraient rien en les fréquentant. Les liens se sont relâchés depuis si longtemps que ce serait rouvrir une plaie saignante que de les voir souvent. Le vide de l'absence de la mère et du père est un abîme profond sous les pieds de la jeune femme et elle manque y tomber régulièrement. Leur silence face à son désespoir lui est une insulte en plus d'une souffrance. Elle s'affaisse sans discontinuer, elle a crevé le sol et ne parvient pas à toucher le fond. Bara poursuit sa vie et elle, c'est le vide qui l'appelle.

Je suis exténuée après la séance de massage, exsangue, vidée de toute énergie. Je suis sur le point d'être enfouie, engloutie dans les eaux glacées de la haine et de la colère. Cela m'épouvante. Je retire doucement mes mains de celles d'Arame.

La vieille Saran tremble de tous ses membres. Ses mains balsamiques et chaudes se posent sur mon front brûlant et y déposent les prières immémoriales que murmurent ses lèvres. Nous nous enlaçons toutes les trois longuement.

Saran agrippe tristement son baluchon de remèdes et d'onguents puis, muette, se fond dans la nuit épaisse sans se retourner, comme un fantôme.

J'abandonne Arame prostrée dans le canapé et cours me réfugier dans ma chambre.

Dernière nuit

Fidèle au rendez-vous, Maman est apparue dès que j'ai fermé la porte de ma chambre. J'avais grand besoin d'elle, car un orage fracassant venait d'éclater après cette journée écrasante de chaleur et de moiteur. L'atmosphère étouffante fragilisait les corps et épuisait les esprits privés de tonus. L'orage déferla sur la ville plongée dans la torpeur, se frayant un chemin dans les maisons à travers les murs jusqu'aux pouls qui battaient la chamade. Des bourrasques noires semblaient vouloir déchiqueter le ciel et de temps en temps un cliquetis sinistre annonçait les éclats de la foudre qui tombait au loin. Puis la pluie s'abattit bruyamment en barres obliques et dures sur les toits et la terre. Le pétrichor sécrété par les plantes se déplaçait au ras du sol puis venait rafraîchir les narines saturées d'une odeur légèrement musquée. Quand la fureur de la nature s'est calmée, le souffle translucide de Maman a posé une caresse de plume sur ma nuque puis sa douce voix est montée de l'intérieur de mon ventre. Renaissons ensemble.

Je me sens glisser dans un puits sans fond aux parois lisses. Les yeux fermés je ne peux résister à la poussée qui m'entraîne. Je suis prise de violentes douleurs. Une souffrance au-delà de ce que j'ai pu endurer jusque-là. Écartelée. Coupée en deux. Une longue agonie suivie d'une mort certaine.

Ma confusion est totale. Puis soudain, une lumière dans mon corps le scinde en deux parties bien distinctes. Je reste dans l'une. L'autre est hors de moi, mais c'est la même lumière et je vois ma maman devant moi et elle me parle.

« Le moment est venu pour toi d'accueillir ta lumière. Tes épreuves ont ouvert le chemin. Tu l'as bien mérité. J'ai confiance en toi. Je suis là et je t'aime. Laisse tes ailes se déployer et accepte que la beauté et la douceur puissent pénétrer dans ton cœur et te faire découvrir le vrai visage du monde. Brise tes murs et surmonte tes peurs et tes haines. »

Dans le silence apaisé de cette nuit africaine, j'ai compris que Maman avait toujours été là et qu'il lui avait fallu rester silencieuse pour que je puisse me trouver. Il me fallait transcender mes tumultes pour accéder à l'amour. J'avais changé de perspective. J'étais aimée pour moi-même et je me sentais le droit d'aimer. Cette découverte me dilatait le cœur. Je rejetais intérieurement la voix d'autodérision habituelle qui ricanait. Je comprenais mes douleurs, car je les trouvais justifiées. Maman dissolvait mes frustrations comme une magicienne. J'avais l'impression d'avoir réalisé une douloureuse traversée au terme de laquelle j'avais percé un secret primordial. J'étais sur l'autre rive désormais.

Adulte.

Enfin.

Me débarrasser désormais de mes haines et de mes fers pour ne pas mourir avant d'avoir vécu. J'éprouvais une plénitude nouvelle et exaltante. J'étais loin de la fin de l'épreuve, mais elle me paraissait désormais surmontable.

Je m'appelle Yandé

Puis Maman m'expliqua l'origine de mon prénom, Yandé. Elle le prononça avec une telle tendresse que j'eus l'impression de l'entendre pour la première fois. Maman avait su dès le premier instant de sa grossesse qu'elle attendait une fille et qu'elle l'appellerait Yandé du nom de l'immense cantatrice sérère dont elle adorait la voix rauque et profonde. Yandé Codou Sène était la griotte personnelle de l'ancien président du Sénégal, pionnière dans l'art du chant de louange sérère. Elle accompagnait le poète président dans le monde entier et n'hésitait pas à interrompre ses discours pour entonner un hymne à la gloire de ses ancêtres et ainsi le galvaniser. Son répertoire était très connu et les accents de sa voix repérables entre tous. Maman connaissait toutes ses chansons et les fredonnait en toutes circonstances. J'étais fière d'avoir reçu ce prénom.

Puis Maman a évoqué mon père et les circonstances de ma naissance.

Elle m'a prise par la main puis nous nous sommes retrouvées instantanément plongées au cœur d'un paradis terrestre et maritime, enchevêtrement d'îles, de bras de mer, de palétuviers et d'oiseaux multicolores et joyeux. L'endroit était une immense volière où dansaient pélicans ventrus, cormorans blancs, milans noirs, hérons gris et une multiplicité d'autres espèces aux couleurs vives. C'était un enchantement qui me réjouissait et me rappelait mes jours heureux au Jardin des Plantes à Paris. Une familiarité aussi soudaine que bizarre me reliait à cet univers qui me reconnaissait autant que je le reconnaissais.

Quelques dauphins bondissaient dans un étrange ballet dont la signification nous échappait. Un parterre d'arbres et de fleurs au vert surréel se déroulait sous nos yeux et une plage de sable doré que venait baigner à intervalles réguliers une eau transparente s'étalait sous nos pieds. De l'eau à profusion. Eau douce où s'abreuvaient à satiété bêtes et humains et pour entretenir cette faune et cette flore exceptionnelles. De l'eau salée venue de la mer où quelques jeunes hommes pêchaient en chantant. Nous nous sommes approchées et j'ai senti que Maman était tout émue lorsque nous nous sommes arrêtées devant un jeune pêcheur Nyominka au teint sombre et au sourire éclatant. Maman a longuement regardé son beau pêcheur puis elle m'a raconté le fabuleux amour de sa vie.

Diogoye n'avait jamais quitté son paradis natal du Saloum. Ils s'étaient aimés dès le premier regard, un jour qu'elle, Gnilaan avait été de corvée pour laver le linge. La bordure du delta était assez éloignée du village et il n'était pas rare de croiser des phacochères en quête de nourriture ou des singes rieurs. Ce jour-là, Gnilaan chantonnait en travaillant. Elle était seule, mais sans appréhension particulière, car elle connaissait parfaitement les lieux. Un énorme python aux écailles luisantes s'était faufilé derrière son dos. Diogoye, armé d'un bâton, avait surgi des arbres et avait aplati la tête du reptile d'un coup sec, sauvant Gnilaan d'une mort certaine. La jeune fille n'avait même pas eu le temps d'avoir peur. La suite coulait de source. Deux âmes d'égale innocence venaient de se rencontrer. Une évidence. Ils s'aimèrent sans arrière-pensée. Gnilaan s'empressait désormais d'accomplir ses corvées quotidiennes pour rejoindre son amoureux dans leur jardin de voluptés. Il n'était pas rare qu'elle rapportât de ses escapades quelques poissons ou crustacés que lui offrait son pêcheur. Les parents étaient ravis de ce supplément de nourriture, mais ne manquaient pas de lui prodiguer les conseils de prudence traditionnels. Gnilaan avait une sœur aînée, Ndiémé qui ne manquait pas une occasion de la stigmatiser ou de jouer les délatrices auprès des parents. Ce qui était un jeu lorsqu'elles étaient enfants, se révéla dramatique quand les jeunes filles grandirent. L'amour avait métamorphosé Gnilaan, l'animant d'une énergie nouvelle qui l'éclairait magnifiquement. Cela ne manqua pas d'éveiller la curiosité de Ndiémé et de piquer son cœur d'une jalousie subtile qui se transforma bientôt en haine féroce. Inconsciente, Gnilaan racontait par le menu à sa sœur l'intensité de ses transports amoureux faisant germer chez cette dernière un programme de destruction implacable.

Ndiémé était misérablement seule pendant que les amoureux folâtraient. Elle était également terrorisée parce qu'elle-même était incapable du moindre attachement sentimental et entrevoyait pour sa sœur un mariage logique et pour elle un honteux destin d'éternelle célibataire. Les relations entre les deux sœurs s'étaient rapidement détériorées et elles se disputaient souvent sur les sorties de plus en plus fréquentes de la cadette. La jeune fille devenait atrocement bavarde, aux yeux de sa sœur. Transfigurée par l'amour, elle exaspérait son aînée qui ne manquait pas une occasion de lui balancer son aigreur au visage. Ndiémé trouvait sa sœur maigre et sans formes et se demandait à haute voix ce qu'on pouvait bien lui trouver, qu'elle n'eût pas, elle, en plus grosse quantité. Elle passait en revue leurs anatomies si différentes et se rassurait en palpant ses seins lourds et ses fesses charnues sans manquer de relever les défauts de sa sœur.

Un jour, elle l'accompagna à son rendez-vous non sans s'être longuement préparée et avoir revêtu un petit pagne suggestif et indécent. Elle resta invisible aux yeux du jeune pêcheur.

Elle n'eut dès lors de cesse de dénigrer le jeune

homme. Elle fut la première à constater les nausées matinales de sa jeune sœur. Elle promit de garder le silence. Promesse vite brisée quand elle s'aperçut que Gnilaan rayonnait et commençait à arborer des rondeurs dont elle estimait détenir l'exclusivité. Ndiémé jouissait d'avance de la colère des parents, de l'humiliation qu'ils estimeraient avoir subie et du châtiment qui ne manquerait pas de s'abattre sur la jeune fille. Ndiémé dénonça sa sœur et fut donc à l'origine de la tragédie. Les tourtereaux furent atrocement séparés. Interdiction absolue de se voir ou de se parler. L'honneur et la respectabilité de la famille étaient atteints. Il fallait éloigner la jeune fille. La décision fut prise d'étouffer le scandale et de l'éloigner en l'envoyant avec sa sœur à Dakar jusqu'à ce qu'elle accouche.

C'est dans ces conditions que Gnilaan et Ndiémé se retrouvèrent dans un quartier populeux de la capitale où elles furent accueillies par la solidarité naturelle d'autres filles originaires du Saloum. Elles partagèrent une chambre exigüe et insalubre jusqu'à ce qu'elles trouvent chacune un emploi de domestique. Gnilaan se levait tous les matins aux aurores pour aller trimer jusqu'au soir dans un quartier huppé des environs pour un salaire de misère. La jeune fille avait réussi à cacher sa grossesse quelques mois, mais elle languissait et s'étiolait au fur et à mesure que celle-ci progressait. Plus futée et plus débrouillarde, Ndiémé avait trouvé un emploi logé chez un célibataire. Dotée d'un solide bon sens, elle n'avait pas tardé à être bien plus qu'une bonne. Elle réussit à s'installer dans la chambre de l'homme, courtier de son état qui ne tarda pas à l'épouser, car elle s'était rendue indispensable à tous les niveaux. Chacun y trouva son compte.

Gnilaan, épuisée avait accouché d'une petite fille quelques semaines après le mariage de sa sœur. Son dernier souffle avait été de confier sa fille à sa sœur et de lui donner un prénom, Yandé.

Ndiémé, passée maître dans l'art d'obtenir tout ce qu'elle voulait, n'eut aucun mal à recueillir le bébé malgré les protestations de son mari. La jeune maman fut enterrée et le couple poursuivit son chemin, lesté d'un fardeau dont il se serait bien passé.

Je venais de recoudre ainsi quelques morceaux éparpillés de mon passé et la vie circulait de nouveau dans mon corps rapiécé. Maman et moi nous nous sommes de nouveau retrouvées dans ma chambre sous la lumière blafarde de l'aube. Le chant du muezzin avait avantageusement remplacé les rythmes du dancing voisin.

La nuit n'arrivait plus à lutter contre la voracité du jour. Sous mes yeux pleins de larmes, les premières lueurs attiraient inexorablement la silhouette de Maman. Je me suis sentie de nouveau écartelée en deux parties bien distinctes qui se faisaient face. Une jeune femme vigoureuse et une petite fille malingre.

Les rayons de ce matin d'hivernage fondirent dans leur lumière une magnifique jeune femme qui souriait en tenant par la main la frêle petite fille au regard apaisé. Elles se sont mêlées dans le même halo de lumière bleue. Je les ai suivies du regard par la fenêtre puis j'ai levé les yeux vers le ciel. La lune, en retard m'adressa un sourire somptueux. Je sus tout au fond de moi qu'il me faudrait désormais relever la tête, qu'il me fallait crever le faux plafond d'illusions qui me retenait prisonnière et que plus jamais je ne serais seule.

Toutes ces nuits passées avec Maman m'avaient insufflé un dynamisme totalement neuf. Plus rien désormais ne serait comme avant. L'horizon s'était revêtu de splendides couleurs et j'avais l'impression d'avoir vaincu la mort même. Elle me devenait même sympathique, car elle explosait mes petites limites de terrienne. J'accédais à une ouverture du cœur qui rebâtissait ma confiance en moi et me donnait l'envie de juguler toutes les souffrances. Je portais désormais Maman en moi et cela changeait tout. Je me sentais armée contre toutes les injustices du monde et contre les mornes solitudes. J'étais comme guérie d'une longue maladie orpheline et j'avais l'impérieux besoin de parler, de bavarder, de disserter, de porter ma voix et pourquoi pas celle des autres et de ceux qui n'en avaient plus. Je me fis la promesse de ne plus me laisser offenser et de laisser s'épanouir ce que je trouvais le plus estimable chez moi, ma capacité à aimer. J'étais dans la peau de Jim Hawkins devant la grotte de Flint dans l'Île au Trésor de Stevenson. Je venais de déjouer toutes les forfaitures, les meurtres et les coups de canon. J'étais devant mon trésor et il était inestimable. L'enfant malicieux souriait tout au fond de moi avec bienveillance.

J'avais vaincu mes démons avec une fierté enfantine qui me donnait toutes les audaces. Maman m'avait transmis une force décuplée, je devenais femme par la puissance de son amour. Les brumes de mon passé s'éclaircissaient et je me découvrais capable d'opérer des choix. La nuit qui oblitérait ma conscience prenait fin comme cette nuit furieuse d'orage. Mon mal-être récent me semblait une plante privée d'eau et de nutriment. Il séchait progressivement. Je n'aurais plus qu'à en extirper les racines et planter dans un terreau nouveau les graines de l'espoir.

J'eus envie de crier à mes filles et à toutes les jeunes filles du monde que je leur devais aussi ma renaissance, que leur corps n'était pas leur ennemi et que personne n'avait le droit de le violenter. J'avais tant martyrisé le mien, je l'avais tant haï que c'était miracle qu'il n'ait succombé à la maltraitance des autres et de la mienne.

Maman m'avait fait le plus beau des présents, celui de l'amour. De ce don me venait une compétence nouvelle, celle de grandir, de légitimer mon existence et de m'ouvrir à celle des autres. C'était essentiel et juste, un rééquilibrage de toutes les dimensions de mon être.

Aimer ! Quelle fabuleuse découverte ! Je me suis longuement regardée dans la glace et j'ai souri à mon image pour la première fois. Mes lèvres se sont dépliées comme une rose du matin et ont reflété bien plus qu'un sourire, une réconciliation. Le miroir semblait parsemé d'éclaboussures de joie. J'étais la spectatrice amusée d'une étrange mue. J'ai esquissé des sourires, des grimaces et des mimiques à la limite du grotesque et j'ai ri comme jamais.

Enfin connectée ! Réveillée d'un long coma ! Et la conscience subite que le plus dur était à venir. Mon corps se souvenait et me parlait. De violentes douleurs traversèrent mes jointures. Je passais du rire aux larmes en une seconde. Tout n'était pas encore accompli. Puis mes douleurs se calmèrent et je profitai de l'accalmie pour me recoucher. J'ai dû me rendormir quelques instants grâce à la fraîcheur du matin mouillé. Quand je me réveille, mon corps a comme intégré les nouvelles données. Il est à présent reposé et paisible. J'ai une pensée, ce matin, pour mon cher Jardin des Plantes. Et il me ramène au mien, secret, qui avait grand besoin de rafraîchissement, d'embellissement, de terre neuve. Les floraisons n'en seraient que plus belles. Je pouvais enfin poursuivre mon chemin. Ce soir, j'ai un avion à prendre. Mais le jour qui s'ouvre s'annonce bien long avant ce vol de nuit. »

Dernier jour à Dakar

Arame a les yeux gonflés au petit-déjeuner. Elle semble émue par le départ imminent de sa cousine. Elle lui tend une enveloppe cachetée.

— Tu ne l'ouvriras que dans l'avion, promets-moi.

Yandé promet. Les mots sont un peu superflus entre elles ce matin.

C'est main dans la main que Yandé et Arame sont arrivées devant la villa cossue des parents à Keur Massar.

De nombreuses voitures sont déjà garées tout le long de la rue. Une immense tente blanche de satin plissé a été dressée devant la maison, obstruant la circulation et causant un embouteillage monstrueux dans le secteur. Des haut-parleurs distillent des versets du coran. Des Tabalas[5] reposent dans un coin, réservés à l'après-midi, une fois le premier repas servi. Les chaises sont classées en catégories. Il y a des fauteuils moelleux et ronds pour les notables. Il y a les chaises

---

5. **Tabala** : Gros tam-tam d'Afrique noire, présent surtout au Mali et au Sénégal.

de prestige rouges pour les bourgeois et ceux qu'on veut honorer et il y a celles en plastique pour monsieur et madame Tout-le-Monde. Tous les sièges ont été pris d'assaut et la maison est bondée d'amis et de parents. Tous sont richement parés de tissus somptueux et de bijoux précieux. Plusieurs jeunes filles vêtues du même tissu distribuent dattes et eau bénite du puits de ZamZam. On reconnaît les membres du Dahira de la tante à leurs grands boubous verts agrémentés d'un châle blanc. Les femmes sont richement maquillées de couleurs chatoyantes.

Les retrouvailles sont à la fois froides et bruyantes. L'émotion est grande, mais la pudeur veut qu'on ne s'épanche pas devant les étrangers. Alors les phrases sont hachées. La scène est hallucinante. Les parents sont là, debout.

Yandé vacille à l'approche de la porte d'entrée. Elle se colle au mur. Sa tête éclate. Elle ferme les yeux et le film se déroule sans qu'elle ne puisse rien faire pour l'arrêter. Les cauchemars récurrents où elle se voit découper son oncle en morceaux, poursuivie par des monstres affreux.

La voix d'Arame lui propose d'aller dans une des chambres se reposer et boire un peu d'eau. Elle l'entraîne dans le couloir. Les jeunes femmes errent dans chacune des pièces de la maison. Les murs vieillis racontent sèchement leurs plaies ouvertes comme de vieilles sorcières aigries qui chuchotent maléfiquement et rient de leurs dents noires comme la suie au fond des vieilles marmites.

Du plus loin qu'elle se souvienne, Yandé n'a éprouvé dans ces lieux que terreur et envie de mourir. Témoin de l'exhibitionnisme de son oncle, elle devait le regarder faire avant de participer à ses orgies solitaires. Elle est toujours habillée de plusieurs couches de vêtements, liquéfiée de chaleur et d'urine. Sa tante ne lui pardonnait pas sa saleté, disait-elle alors qu'elle ne lui autorisait qu'une douche par semaine. Elle reste prostrée dans une chambre pendant que lui parviennent les bruits des festivités.

Arame est sortie des lieux, livide. On lui demande des nouvelles de sa cousine. Elle ne sait que répondre et se dépêche de trouver sa mère.

La tante a mille choses en tête et ne parvient pas à se concentrer sur ce que lui dit sa fille. Elle a longtemps attendu ce jour, son jour. La moitié de la ville avait été invitée et la belle-famille surtout était au complet. Avant son départ pour les lieux saints, elle a reçu de nombreuses enveloppes bien garnies en guise d'au revoir et des paquets de vœux. Il était de son devoir d'acheter à chacun de ses thuriféraires un objet symbolique supposé venir de la Mecque. Encens sous forme de bâtonnets, de cubes ou de poudre odorante, foulards, chapelets, bonnets, djellabas et tapis de prière, toutes sortes d'objets estampillés made in China ou made in Dubaï, mais que l'on trouvait à profusion dans tous les marchés de Dakar. Jusqu'à l'eau bénite du puits de ZamZam qui arrivait désormais dans la ville par container.

Le déjeuner est servi, copieux. Plats de viandes diverses servis dans une argenterie débarquée tout droit d'Istanbul, boissons sucrées en canettes ou jus de fruits locaux, bouteilles d'eau parées de la photo de la nouvelle *Adjaratou*[6], fruits de toutes sortes pour montrer la force de frappe de la tante. Puis vient le thé à la menthe bien chaud et bien sucré qui donne le coup d'envoi du *Yebbi*. Arame est allée chercher Yandé. Toutes deux n'ont rien pu avaler. Elles se glissent dans un coin.

La belle famille est installée dans l'immense salon cossu aux couleurs vives où domine le bois sombre des moulures rendant la pièce assez sombre ou plutôt lui donnant une atmosphère de palais antique. Les lourds rideaux de velours rouge accentuent la solennité de l'endroit. Les griots s'affairent comme des fauves sur le point de se jeter sur un troupeau de gnous offert.

Les enveloppes gonflées de billets neufs, les tissus précieux, les riches bijoux, jusqu'aux parfums de grandes marques passent de main en main jusqu'à leurs heureux destinataires qui laissent tomber de satisfaction, un billet entre les doigts rapaces des griots rapides. Ces derniers ont compris qu'il fallait faire durer

---

6. *Adjaratou* : Fraîchement revenue de La Mecque.

la cérémonie pour que la moisson soit bonne. Alors les digressions se multiplient allant d'éloges justifiés à manifestes flatteries. De subtiles joutes opposent les griots entre eux et c'est à qui captera le plus de billets. La tante est installée dans le plus gros fauteuil, noblesse oblige. Elle est tout de blanc vêtue avec un châle doré posé autour du cou. Comme une mariée, elle a été soigneusement maquillée et a déjà changé trois fois de tenue. La dernière est la plus somptueuse. Elle a exhibé les trois parures en or vingt-quatre carats achetées à la Mecque, cadeaux de son mari. Les femmes et les griots apprécient bruyamment cette démonstration de force de l'époux. Ce dernier en profite pour faire son apparition, engoncé dans un immense boubou blanc aux broderies dorées. Ils sont bien assortis, ces deux-là, se dit Yandé qui les trouve insupportables. Leurs regards démentent leurs sourires de façade.

Yandé a le regard rivé sur sa tante qui s'obstine à l'ignorer.

Pourquoi as-tu gardé le silence ? Tu le savais. J'ai vu passer ton ombre silencieuse un soir d'infortune. Tu m'as abandonnée et sacrifiée. Me percevais-tu comme une rivale ? Une gamine de douze ans !

Pourquoi m'as-tu imposé des vêtements qui me ridiculisaient aux yeux des autres ?

Pourquoi m'as-tu privée de nourriture au point que je sois obligée de voler pour ne pas mourir d'inanition ?

Pourquoi m'avoir obligée à avaler un kilo de riz et me punir ensuite pour ce vol ?

Et lui, ce gros porc qui me traitait de garce et de putain ! Tu as laissé faire en me traitant de menteuse !

Oui, tu le savais ! Tu es complice ! Et c'est moi qui devrais avoir honte ! Me sentir coupable ! Couvrir de silence vos honteuses pratiques ! Tout ça est bien fini, oui le monde saura et personne ne pourra rien pour vous.

Yandé n'a jamais su parler. À la moindre émotion, ses filles ont coutume de dire qu'elle dysfonctionne. Les mots se bousculent, se pressent, s'écrasent puis l'étranglent et restent prisonniers de sa glotte. Sans porte de sortie, ils finissent par mourir étouffés et par se liquéfier en larmes brûlantes.

Yandé a maintenant le regard fixé sur l'oncle. Un homme singulier aux yeux de fauve constamment aux aguets. On n'était jamais tranquille en sa présence. La famille qu'on lui connaissait avait surgi de nulle part un jour, auréolée de mysticisme. Aussi traînait-il une réputation de méchant qui l'entourait de terreur autant que d'attrait. Sa brusque fortune faisait l'admiration des petites gens prompts à porter aux nues les débrouillards qui parvenaient à s'extirper de la misère ambiante et le rendait fréquentable. Il avait le front gris marqué par de profondes rides. Si elles avaient pu parler, ces rides, elles auraient probablement raconté sa vie de luxure et d'arnaques. Mais elles restaient muettes sur les terreurs inspirées, les cadavres enfouis, les vies torturées. L'excuse toute trouvée à sa cruauté était selon lui l'injustice inhérente au monde.

Un soir, après avoir accompli sa sale besogne, il avait répondu aux interrogations muettes de la fillette : « Tu es trop tendre. Quand comprendras-tu que je n'ai rien à t'expliquer ? C'est ainsi et c'est tout. » La petite fille s'était alors résignée à ne plus lui résister. Elle n'était plus là, abandonnant son corps aux avidités de l'oncle et se réfugiant dans la rêverie. L'oncle avait remarqué cette tendance à l'évasion. Il s'évertuait par tous les moyens à ramener l'oiseau dans sa cage. Il jouissait de sa peur, de son morcellement, de son renoncement.

Avec la tante, il formait une paire connue pour sa force de nuisance. Ces Thénardier des tropiques étaient soudés dans le crime de manière inexorable. La tante a toujours su les méfaits de son mari. Elle a délibérément choisi de se taire. Un silence morbide aux allures de chantage, car elle a vite compris l'intérêt qu'elle pouvait en tirer. Rongée par la jalousie, elle avait décidé de se prendre en main, multipliant les aventures avec de très jeunes et pauvres partenaires. Une frénésie sexuelle qu'elle payait de plus en plus cher, car les jeunes devenaient de plus en plus gourmands. Vêtements, voyages, et même voitures rétribuaient ces moments volés. Le couple profitait du goût des gens pour les ragots pour colporter toutes sortes de rumeurs sur les uns et les autres. Ils avaient acquis une solide réputation de cupidité et de perversité dans la ville, mais ils étaient très courus, car leur fortune récente les rendait très attractifs. Ils entretenaient depuis toujours des relations tourmentées faites de séduction, de jalousie et d'argent. Un enfer domestique travesti en paradis conjugal d'apparat avec la complicité de leurs semblables, une caste de gens qui se tenaient solidement par la barbichette. Rien n'était plus important et tout devait se plier devant le dieu argent. Le couple n'avait pas hésité à sacrifier sa fille unique sur l'autel de ce dieu.

Arame n'avait pas été épargnée. L'oncle, convaincu de ne pas être le père d'une telle incongruité de la nature, en avait fait le jouet de sa perversion avec la muette complicité de sa femme. Persuadés tous deux qu'elle était limitée, ils se disaient qu'elle ne devait probablement pas souffrir. Arame a toujours eu le goût de la mort dans la bouche. Aucun album parmi les dizaines qui trônaient dans le salon ne portait sa photo. Elle refuse de se laisser photographier et les parents n'insistent pas. Elle est incapable de dire les mots qui la délivreraient, car elle est viscéralement attachée à ce couple qui la rejette. Elle se gave de sucre et de gras et expire ses maux dans les volutes des cigarettes qu'elle fume à poumons déployés.

L'oncle s'est levé pour venir saluer Yandé attiré par la fixité de son regard.

Un frisson de dégoût a parcouru le dos de la jeune

femme lorsqu'il lui a serré la main. Toujours le même sourire en biais. Il a encore grossi et ses lèvres épaisses masquent mal ses dents carnivores. Aucune émotion. Juste une lueur de désir qui n'a pas échappé à la tante. Il garde la main de Yandé plus que de raison. Sa femme fronce les sourcils, mais garde le silence. De près, l'oncle a la peau du visage vérolée de cicatrices menaçantes. Yandé se souvient comme il plantait sans délicatesse sa cruauté dans la nourriture même, comme il dépouillait ceux qui avaient le malheur de croiser sa route et comme il dévorait les corps des jeunes gens à peine nubiles dont les âmes finissaient dans un gouffre d'amertume. Ses victimes étaient nombreuses, mais l'homme pouvait compter sur la complicité du *Maslaa*[7] et du *Sutura*[8], jolies vertus cardinales bien sénégalaises signifiant la pudeur et la discrétion qu'il avait soumises à son joug par ses astuces personnelles pour couvrir ses pratiques et qui désormais étaient travesties en art du mensonge et de l'hypocrisie sociale. Il avait coutume de se vanter de s'être fait tout seul. Cela justifiait qu'il utilisât tous les moyens possibles pour arriver à ses fins. Les rares personnes qui le connaissaient bien savaient qu'il n'était qu'un modeste courtier en immobilier dont les affaires périclitaient.

---

7. *Maslaa* : Mot wolof. Attitude positive de bienséance qui permet à la personne de pouvoir négocier tous les conflits et vivre socialement en harmonie.

8. *Sutura* : Mot wolof. Discrétion dans la relation aux autres.

Jusqu'au moment où il mit la main sur quelques terrains de la ville avec la complicité d'agents municipaux véreux. Pariant sur l'opacité qui régnait dans la gestion des questions foncières, il avait rapidement mis au point une mafia qui lui permit de spolier dans la plus grande impunité quelques propriétaires négligents ou mal informés. Il vendait la même parcelle à différents acheteurs, en général des émigrés désireux d'investir dans leur pays et qui ne rentraient pas régulièrement, empochant au passage un conséquent pactole. Il avait ainsi créé un vaste réseau de corruption aux tentacules gigantesques. Il tenait dans ses filets des personnalités politiques de premier ordre et prospérait grâce aux petites et grandes perversions des uns et des autres, car il avait très vite compris que chacun de ces puissants couvait dans le plus grand secret un vice inavouable aux yeux hypocrites de la société pour qui seule l'apparence comptait.

Soudain, les grosses mains râpeuses de l'oncle se posent sur les épaules de Yandé et son haleine visqueuse se répand sur elle. Il souffle dans son cou : « Tu n'as pas oublié, hein. C'est sûr, j'étais un chaud lapin à l'époque, mais je me suis calmé depuis. »

Délivrance

Le bras de Yandé s'est détendu comme un ressort, a saisi une carafe de cristal pleine de jus de bissap[9] et l'a écrasée sur la joue baveuse de l'oncle. La tante s'est précipitée auprès de son mari en poussant des *Aouzou billahi minnal sheitani rajim*[10].

Le silence de Yandé a crevé comme un abcès trop mûr et ses mots se répandent comme un pus épais et sanguinolent.

« Je suis morte le jour où tu as écarté mes jambes, où tu es entré en moi et où tu m'as déchiré le ventre. »

La tante lui pose la main sur la bouche, mais elle la repousse violemment dans un fauteuil. Yandé est traversée par une vague de haine brûlante qui consume tout sur son passage comme une lave fumante. Elle est déchaînée. Et la voilà partie dans une longue diatribe que personne n'ose interrompre.

---

9. Bissap : Oseille de Guinée (Hibiscus sabdariffa). Le jus de bissap est une boisson faite à partir des fleurs d'oseille séchées très consommée au Sénégal.

10. Je cherche refuge auprès de Dieu contre Satan

« C'est la vie tout entière que vous avez offensée. Mon ventre, ravagé ! Mes seins, torturés ! Mon avenir, brisé ! »

Son esprit s'éclaire et ses lectures affluent. Elle est Zola face aux détracteurs du Capitaine Dreyfus.

« Je vous accuse d'avoir tué l'enfance, la mienne et celle de tous les autres.

Je vous accuse d'avoir assassiné l'éducation que j'étais en droit d'attendre de vous.

Je vous accuse d'avoir massacré ma jeunesse et celle de tous les jeunes du monde.

Je vous accuse d'avoir été le bras armé d'une société qui ne sait pas protéger ses membres les plus démunis.

Je vous accuse d'avoir dévoyé de nobles valeurs ancestrales et de les avoir roulées dans la fange de vos turpitudes pour satisfaire vos petits intérêts. »

Les mots claquent comme des coups de canon sur un champ de bataille. Le couple est tout d'abord incrédule puis il laisse passer l'orage devant le silence qui fige la scène. Ils détournent la tête chacun de son côté en serrant les dents. Les haut-parleurs, inconscients du drame, continuent à cracher des rythmes qui arrachent à certains des pas de danse involontaires. Les curieux se pressent à l'entrée du salon, alertés par les voix suraigües. Puis on tente de faire taire Yandé. Mais la jeune femme est habitée par une force qui repousse tous ceux qui essayent de l'approcher. Le timbre de sa voix est devenu métallique et tranchant comme une lame de rasoir. La précision des faits racontés soulève l'indignation des spectateurs qui cherchent à qui mieux mieux à montrer combien ils sont scandalisés pour ne pas éveiller de soupçons de complicité. Les visages sont hostiles et la panique a changé de camp. La tante n'a cependant pas abdiqué. Elle essaie de se redresser, de donner le change. Faire taire cette maudite créature ! Elle aurait dû la laisser crever et l'enterrer avec sa mère. Pourquoi avait-elle sauvé la descendance de sa sœur ? Gnilaan venait encore la hanter si longtemps après sa mort ! Elle essaie de prendre la défense de son homme malgré la colère qui déforme ses traits.

« Tu n'es qu'une traînée. Je l'ai toujours su. C'est toi qui l'aguichais avec tes airs de sainte nitouche. »

L'oncle retrouve soudain ses vieux réflexes de voyou jamais repenti. Il lui siffle froidement à l'oreille : « Je vais te faire la peau. »

Mais Yandé ne connaît plus la peur. Elle paraît plus grande et ses yeux lancent des éclairs. Sa voix s'affirme, grave et profonde, rythmée par les battements rapides de son cœur. Elle est prise de fièvre, exaltée comme un esclave libéré après un long enfermement.

L'oncle et la tante étaient confondus dans le même désaveu. Quelques femmes reniflaient bruyamment. Puis l'oncle tenta le tout pour le tout. Il demanda pardon. Il ne se trouvait pas d'excuses, mais il y avait une explication : « Ce n'est pas moi qui ai commis ces actes ignobles. Il n'y a pas d'autre coupable que Satan. Le diable en personne s'est infiltré en moi. Ah, Satan est trop fort ! Regardez-moi ! Vous croyez vraiment que je suis capable de tout ça ? Non, non et non ! Ce n'est pas moi. Ah ! Maudit Satan ! Tu m'as tenté et piégé comme jadis notre grand-père Adam ! »

Tous s'écrièrent en chœur : « *Aouzou billahi minnal sheitani radjim* ! » Satisfait, l'oncle poursuivit : « Je suis tombé sous les coups de Satan. J'ai bien essayé de résister, mais vous savez tous combien il est fort. Qui nie la puissance de Satan n'a pas encore eu affaire à lui ! Que peut un pauvre homme comme moi contre celui qui a désobéi à Allah lui-même ! Ah Satan et ses multiples ruses ! » L'assistance acquiesçait en chœur. L'oncle poursuivit : « Je jure de me repentir. Je jure de prier toutes les nuits à partir d'aujourd'hui pour obtenir le pardon d'Allah. Vous m'êtes témoins, je jure d'expier ma faute en usant de ma fortune pour vous emmener Arame et toi et toute personne que vous souhaiterez à la Mecque, dès l'année prochaine, hein Yandé ? » L'oncle se sentait de nouveau conquérant. Ce fut une victoire de courte durée. Le feu qui couvait en Yandé prit des allures d'incendie de forêt et la dernière bravade de l'oncle n'eut d'autre effet que de l'enflammer davantage. Elle reprit avec passion : « Satan, c'est vous, fossoyeurs d'humanité ! Vous êtes coupables ! Vous avez tué mon enfance, volé mon innocence, vous m'avez asséchée, tarie, épuisée jusqu'à l'os ! Vous en riez ? Eh bien, vous ne rirez plus longtemps ! Vous voulez que je me taise ? Ah oui ! c'est vrai, les gens vont jaser ! Ça aussi c'est terminé. Tout le monde saura qui vous êtes vraiment. Ingrate, moi ? Oui, je l'assume, mais vous n'aurez plus mon silence.

Je vous déclare coupables !

Oui, coupables d'avoir sciemment et méticuleusement broyé les racines de la société !

Coupables d'avoir rongé jusqu'à l'os les fondements de la maison !

Coupables sur des générations d'avoir sapé l'espoir et semé la mort ! »

Yandé faisait les questions et les réponses. Elle était juge et procureure, allait et venait, secouée de spasmes qui ébranlaient tout son corps. Une étrange sensation de liberté et de pacification de son être. Une unité perdue puis retrouvée. Elle transpirait ce qui lui restait de souffrances à grosses gouttes. La jeune femme s'écroula sur l'un des rideaux. Arame, qui jusque-là, la soutenait, muette et livide se lança soudain dans une danse obscène et frénétique qui finit de convaincre les présents que Satan en personne avait pris possession de la maison. Arame dévoilait son intimité en poussant des cris de harpie. Elle suffoquait et semblait une poupée désarticulée qu'un rien suffisait à dissoudre à tout moment. Son vaste corps n'abritait plus que des cendres blêmes que la vie quittait peu à peu. Yandé quant à elle, sentit de grosses larmes rouler sur sa poitrine. Elle se souvint qu'elle devait voyager ce soir. La torpeur du crépuscule commençait à tomber sur les nerfs fatigués. L'atmosphère était irrespirable. L'appel à la prière de Timis signa la fin de la fête. La musique s'était arrêtée. La gêne avait fait fuir la plupart des invités qui faisaient disparaître dans leurs sacs la nourriture et les boissons délaissées. Les derniers convives prirent d'assaut les tapis de prière. Tous se rangèrent derrière l'imam en secouant la tête. L'oncle était enfoncé dans son fauteuil, incapable de se lever. La tante sanglotait inlassablement. Elle repoussa les bras qui tentaient de la consoler. Arame fut soudain en proie à de violents tremblements. Elle se mit à faire des mouvements désordonnés sans prononcer un mot. Sa mère la vit et s'approcha les bras ouverts. Arame eut un violent geste de rejet qui la fit tomber dans le canapé. Puis la jeune femme cracha vigoureusement sur l'oncle piteusement avachi et tourna les talons. Elle traversa lourdement le salon, les yeux rouges et les lèvres tremblantes, tel un fantôme glissant vers les rivages amers. Personne ne la suivit quand elle referma la porte de la chambre. Au milieu de la prière, on entendit un cri étouffé suivi d'un râle d'agonie.

Yandé marchait vers la sortie. C'étaient les minutes les plus longues de son existence. Elle revit le film de sa vie comme au seuil de la mort, on rembobine son film personnel. Elle se sentait réunifiée de nouveau à grande vitesse et beaucoup plus légère. Elle serra contre

elle son sac à main et sur le pas de la porte, sortit le cantique de Saint François d'Assise que Simon lui avait donné. Elle prit le temps de le lire à haute voix :
« Seigneur, fais de moi un instrument de ta paix !
Là où il y a de la haine, que je mette l'amour !
Là où est l'offense, que je mette le pardon !
Là où est la discorde, que je mette l'union !
Là où est l'erreur, que je mette la vérité !
Là où est le doute, que je mette la foi !
Là où est le désespoir, que je mette l'espérance !
Là où sont les ténèbres, que je mette la lumière !
Là où est la tristesse, que je mette la joie !
O Seigneur, que je ne cherche pas tant à être consolé qu'à consoler !
À être compris qu'à comprendre !
À être aimé qu'à aimer !
Car c'est en donnant qu'on reçoit !
C'est en s'oubliant qu'on trouve !
C'est en pardonnant qu'on est pardonné !
C'est en mourant qu'on ressuscite à l'éternelle vie ! »

Après avoir récité la prière, Yandé se sentit apaisée. Elle s'arrêta un moment devant le flamboyant aux fleurs écarlates au milieu de la cour qu'elle avait toujours considéré comme son ami dans cet environnement hostile. L'arbre semblait un ange aux immenses ailes de feu. La pluie de la nuit dernière avait lavé la splendide voilure et les couleurs étincelaient dans la lumière particulière du soleil couchant.

Yandé fut tentée un moment de revenir à la maison d'où montaient des cris de détresse. Elle pensa à son vol, à ses filles, à sa propre vie. Elle s'agenouilla sous le grand arbre et demanda pardon à la terre qu'elle devait quitter, aux hommes et aux femmes, ceux qui lui avaient fait du mal et les autres. Elle demanda pardon à Arame pour qui elle ne pouvait plus rien. Elle avala une grande goulée d'air, prit une poignée de terre qu'elle fit glisser entre ses doigts. Puis elle cueillit une fleur, la planta dans ses cheveux et franchit la porte d'entrée comme on franchit celle d'une prison après des années d'emprisonnement. Un taxi jaune et noir passait. Elle le héla avec détermination, proposa un prix que le chauffeur ne pouvait décemment pas refuser et ils prirent la route de l'aéroport.

La lettre d'Arame

Plus tard, confortablement installée dans son siège, elle songe à Arame et ouvre l'enveloppe que celle-ci lui a remise. Elle lit sa lettre pendant que les lumières de la ville s'estompent et que des étoiles plein le ciel clignotent à travers le hublot. De son écriture maladroite, Arame avait fait d'énormes efforts pour produire cette lettre. Yandé mesurait le don qui lui était fait avec bienveillance.

« Yandé, ma sœur

Demain, tu t'en vas et moi je reste.

Tu as un avenir, et moi je n'en ai pas.

Tu vas poursuivre ta vie alors que la mienne n'a plus de sens.

Sache que je t'aime, Yandé et que je ne cesserai jamais de t'aimer.

Tu as changé ma vie, car tu m'as permis de comprendre qui j'étais vraiment.

Nous avons maintenant beaucoup de choses à partager.

Je voudrais du fond du cœur te demander pardon.

Pardon pour la sœur que j'aurais aimé être et que je n'ai pas été.

Mes parents sont mes parents et je n'y peux rien, je les aime même s'ils ont été très méchants. Je te demande de leur pardonner, au nom de ce que nous partageons.

Occupe-toi bien de ton mari et de tes enfants, car la famille, c'est ce qu'il y a de plus important.

Moi, je suis perdue. Mon avenir est derrière moi et j'ai envie de me reposer maintenant.

Merci de m'avoir prêté ta peau et de m'avoir tendu la main.

Si un jour un papillon vient se poser sur ton épaule, ne le chasse pas ! C'est ta sœur Arame qui vient te faire un bisou.

Prends bien soin de toi, ma Yandé !

Ta sœur Arame. »

La lettre de Yandé

Yandé était émue et ses larmes coulèrent abondamment. Dans son for intérieur, elle savait qu'Arame et elle ne se reverraient plus. Mais elle comptait bien lui faire une place dans sa nouvelle vie. Elle sortit son petit cahier d'écolière et les mots jaillirent :

« Arame, ma sœur Arame
À mon tour de te demander pardon.
Pardon pour ces années de peurs et de pleurs qui t'ont aussi effondrée.
Pardon pour la détresse et les horreurs, pardon pour les épreuves qui t'ont aussi empêchée de grandir.
Pardon pour les crimes qui t'ont traversée et t'ont fichée à terre.
Pardon pour les mots qui t'ont écroulée et les gestes qui t'ont niée.
Pardon pour l'attente et le secret, pour l'absence et la violence.
Pardon pour les traces indélébiles et la mémoire violée, pour l'abandon et le mensonge.

Pardon pour les cauchemars et les poignards dans le dos.

Pardon pour les nœuds à la gorge et le dos courbé

Pardon pour les mots qui t'ont manqué et les sourires retenus.

Pardon pour les déchirures qui ne se refermeront pas, pour les éclats de verre incrustés dans le cœur.

Pardon pour les draps moites de terreur et les sanglots emprisonnés.

Pardon pour la honte et la culpabilité.

Pardon pour les regards de mépris et les caresses viciées.

Pardon pour le néant qui dévore et le vide qui avale inéluctablement.

Pardon pour la faim, pour la soif, les humiliations et les insultes.

Pardon pour l'enfance morte, fœtus lacéré et la chair déchirée.

Pardon pour les noirs soleils et les nuits blanches.

Pardon pour l'épuisement et la consomption et les veines tranchées.

Pardon pour l'éparpillement et les cris de détresse.

Pardon pour la misère et la haine et les abcès de silence qui crèvent et pourrissent et le corps qui hurle.

J'aurais tant voulu renaître avec toi.

J'aurais tant aimé te revoir sourire.

J'aurais tant aimé que l'avenir nous soit une promesse,

Que le jour se lève au terme de l'engourdissement et que nous soyions délivrées.

Que la brèche se ferme sur les ténèbres et que nos yeux ne voient plus rouge.

Que l'ivresse de vivre nous chavire dans des danses extatiques.

Que nos curiosités soient assouvies et nos chaines déliées et nos murs cassés et que nous puissions partir loin,

Au pays où les enfants peuvent grandir sans peur

Où les mots sont libres et les baisers plaisir

Où la vie aux yeux verts s'écrit en lettres d'espérance.

Au pays où les arbres sont conteurs et les fleurs volubiles.

Au pays où les pierres sont tendres et l'air vibrant d'amour.

Merci de m'avoir offert ton hospitalité et ta sensibilité.

Merci d'avoir dissipé quelques-uns de mes brouillards intérieurs par ta sincérité et ta générosité.

Emporte mon amour, mon estime et mes espoirs.

Je sais qu'ils sont entre de bonnes mains, car c'est dans la puissance de ton amour que se dissiperont mes tourments.

C'est dans la lumière de ton souvenir, qu'abeille industrieuse, je viendrai butiner les fleurs du bonheur.

Ta sœur Yandé. »

Ce recueil a été imprimé
en juin 2018
au Québec (CANADA)
par Caius du livre
pour le compte
des Éditions Presses Panafricaines

www.ingramcontent.com/pod-product-compliance
Lightning Source LLC
Chambersburg PA
CBHW070556180626
46817CB00005B/1862